UNIVERSITÉ DE FRANCE.

ACADÉMIE DE STRASBOURG.

ACTE PUBLIC
POUR LA LICENCE

PRÉSENTÉ

A LA FACULTÉ DE DROIT DE STRASBOURG

ET SOUTENU PUBLIQUEMENT

Le samedi, 17 janvier 1857, à midi,

PAR

JOSEPH DOLEY,

DE MAIZIÈRES-LES-METZ (MOSELLE).

STRASBOURG,
DE L'IMPRIMERIE DE V.e BERGER-LEVRAULT, IMPRIMEUR DE L'ACADÉMIE.
1857.

A MES PARENTS.

Piété filiale.

C.

J. DOLEY.

A. M. HARO,

DOCTEUR EN MÉDECINE A METZ.

Reconnaissance et dévouement.

J. DOLEY.

FACULTÉ DE DROIT DE STRASBOURG.

PROFESSEURS.

MM. Aubry ✳, doyen. . . . . . Droit civil français.
Hepp ✳ . . . . Droit des gens.
Heimburger . . . . Droit romain.
Thieriet ✳ . . . . Droit commercial.
Schützenberger ✳ . . . . Droit administratif.
Rau ✳ . . . . Droit civil français.
Eschbach. . . . . Droit civil français.
Lamache ✳. . . . . Droit romain.
Destrais . . . . Procédure civile et législation crimin.

Lederlin. . . . . . ⎫
N. . . . . ⎭ professeurs suppléants provisoires.

M. Blœchel ✳, professeur honoraire.

M. Bécourt, officier de l'Université, secrétaire, agent comptable.

M. Aubry, Président de la thèse.

Examinateurs MM. ⎰ Hepp.
Heimburger.
Thieriet.

La Faculté n'entend ni approuver ni désapprouver les opinions particulières au candidat.

JUS ROMANUM.

DE SERVITUTIBUS.

PROŒMIUM.

Dominium est in re plena potestas. Quæ quidem potestas multa ac diversa jura in se continet, usum, usumfructum et alia. Quorum autem sæpe evenit ut alia ab aliis separationem recipiant et singula pertineant ad singulos, utputa, si quis dominus esse dicatur, dum alius utendi, fruendi, alius jus paciscendi retineat, alius aquam ducendi. Inde servitutes ; quia res ista quæ domino suo minutam angustamque affert utilitatem , alteri vel fundo alterius servire videtur.

Servitutum igitur ea est natura ut aliquantulum dominii a domino migrare videatur, et dominus in sua re aliquid pati cogatur vel non facere.

1

2

Servitutes aut rerum sunt aut personarum. Personarum dicuntur quæ personis cohærent et extinctis personis extinctæ sunt, ut usus, ususfructus. Rerum autem, de quibus hic tractandum est, aliterve prædiorum sunt, quæ prædiis inhærent, prædiorum utilitatem respicientes, non personarum, ac perpetuo stant immutabiles sicut et ipse fundus, ita ut, si quodam modo novum dominum invenit fundus cui debentur servitutes, cum jure servitutum transferatur. Nam ut nobis recte ait Celsus; quid alia sunt jura prædiorum quam prædia qualiter se habentia, ut fertilitas, amplitudo? Inde fit ut servitutes pignori vel hypothecæ dari non possint nisi fundus cui debentur pignori vel hypothecæ detur et ipse. (Loi 11, liv. XX, tit. I, D.)

Advertendi sumus prædiorum dici servitutes, quia sine prædiis constitui non possunt. Hujuscemodi etenim servitus ad utilitatem unius fundi, qui videtur dominare, imponitur alteri qui vocatur fundus serviens. Prædiorum autem constat esse servitutes, urbanorum modo, modo rusticorum. Hæc est summa divisio, etiam unica apud prudentes. De qua nunc dispiciamus.

I.

De servitutibus prædiorum urbanorum et rusticorum.

Primum videamus quæ dicantur urbana prædia vel rustica. Prædia urbana dicuntur ædificia ubicumque sint, sive in civitate, sive in villa. Rustica vocantur quæ vacua sunt ædificiis. Inde servitutum duo genera venere: aliæ etenim in solo, aliæ in superficie consistunt (Loi 3, tit. I, liv. VIII, D.). Sed servitus qualis sit, se denuntiat ipsam, neque dominantis prædii natura spectanda est, neque servientis, neque si in alterutro fundo ædificatum, vel quod ædificatum erat, dirutum fuerit, servitutes rusticæ in urbanas transfigurabuntur, vel in rusticas urbanæ. At solum prudentes a superficie distinguere solent, et si magis ad superficiem pertinere servitus videtur quam ad solum, urbanam aiunt esse servitutem, ita ut si prædium tuum serviat prædio meo ne tibi extollere liceat, quanquam nulla neque in meo neque in tuo fundo ædificia sint, urbanam esse hanc servitutem certius habere debeamus.

Nec parvi interest, ut apparebit infra, servitutes prædiorum distinguere. Hic solummodo breviter observabitur servitutes prædiorum urbanorum tales esse ut certam continuamque possessionem habeant, sed non rusticorum; nemo enim tam perpetuo ire potest ut nullo momento possessio ejus interpellari videatur. (Loi 14, tit. 1, liv. VIII, D.)

Est igitur possessio servitutis? Attamen servitutes prædiorum, tametsi corporibus accedunt, incorporales esse non dubitandum est, ut et in hereditate, quanquam mancipia, ædes, agri et hujusmodi sint quæ corporalia sunt, tamen ipsum jus hereditatis incorporale est, et possideri tantum possunt quæ sunt corporalia. Sed, omisso strictissimo jure civili, usus habetur pro possessione, et ille qui utitur servitute dicitur quasi possidere. Sed quod possidetur, traditum esse necesse est, et patientia illius qui rem habet servientem, pro traditione tenetur.

Servitutes prædiorum rusticorum sunt hæ : iter, actus, via, aquæductus, aquæ haustus, pecoris ad aquam adpulsus, jus paciscendi, arenæ fodiendæ, calcis coquendæ et his multa similia. (Inst., tit. III princ., liv. II; loi 1, tit. III, liv. VIII, D.)

De quibusdam videamus quæ frequentissime apparent constitutæ in prædiis.

Iter est jus hominis eundi et ambulandi, etiam sella aut lectica vehendi, non autem jumentum agendi. (Lois 1 et 7 princ., tit. III, liv. VIII, D.)

Actus, a verbo *agere*, significat jus agendi, vel vehiculum, vel jumentum, armentumve, vel plaustrum ducendi. Quod genus servitutis hoc differt cum superiore quod major pars minorem partem in se continet : qui enim actum habet, et iter habet etiam sine jumento, nisi aliter stipulatum fuit. (Loi 1 princ., tit. III, liv.VIII, D.)

Via est jus eundi, agendi et ambulandi, nam et iter et actum via in se continet. Actus autem, ut supra dictum est, in se continet iter. Ex quo inferri potest nullam inter viam et actum differentiam esse. At non ita : videlicet quod plus invenitur in via quam in actu. Qui viam habet, trahendi quoque trabem et lapides et rectam hastam referendi jus habet, si modo fructus non lædat, quæ quidem non permittuntur actum habenti (Loi 1 et 7 princ., tit. III, liv. VIII, D.). Via latitudinem suam ex lege duodecim tabularum habet. Unde fit, ut, si dicta latitudo non est conventionibus, debeatur legitima. Actus autem et itineris latitudo non lege, sed titulo aut arbitro statuenda est. (Lois 8 et 13, §. 2, tit. III, livre VIII, D.)

Aquæductus est jus ducendi aquam per fundum alienum. Quæ quidem servitus constitui potest, ut aquam quærere vel ut inventam ducere liceat (Lois 1 princ. et 10 eod.). Si quis autem passus est per domum suam aquæductum transduci, hanc oportet urbani prædii dicere servitutem. (Loi 11, §. 1er, tit. II, liv. VI, D.)

Urbanorum prædiorum servitutes tales sunt : oneris ferendi, ut vicinus onera vicini sustineat, tigni immittendi, ut in parietem vicini liceat vicino tignum immittere, item stillicidii vel fluminis recipiendi in tectum suum, vel in aream, vel in cloacam, aut non recipiendi, item altius tollendi aut non extollendi, luminibus vicini non officiendi, et alia innumerabilia. (Inst. tit. III, §. 1er, liv. II. Lois 2 et s., tit. II, liv. VIII, D.)

Finge domum tuam ædibus meis ita vicinam esse, ut columna tua vel paries mearum ædium sustineat onus; non dubium est ædificium tuum meo debere servitutem illam quæ vocatur oneris ferendi.

In ea autem servitute notatione dignum est, dominum prædii ser-

vientis aliquid facere teneri, licet in cæteris servitutibus, sicut supra
dictum est, is qui habet fundum servientem nunquam facere tenetur
sed tantum pati. Nam scriptum est eum parietem columnamve expensis
suis reficere debere, quæ onus vicinarum ædium sustinebat, cujus
essent ædes quæ servirent. Quod fit ex ea servitutis imponendæ solita
lege : paries, uti nunc est, ita sit. Quæ aperte significant ejusdem
modi parietem esse debere in perpetuum qui onus sustineret. Quod
si quis servitutem sibi graviorem esse putaret, licerct illi ut scripsit
Labeo, rem derelinquere atque ita liberari. Attamen plures diverse
censerunt non ita servitutem imponi posse ut quis aliquid facere
cogeretur; quorum non prævaluit opinio. (Lois 33, tit. II et 6, §. 2,
liv. V, liv. VIII D.)

Non longe distat servitus tigni immittendi. Quod si quis tamen
in parietem vicini tignum immissum habet et vicinum ad parietem
reficiendum interpellat, non audiendus est. (Loi 8, §. 2, tit. V, eod.)

Quod si pluvialis aqua ex tecto meo super tectum tuum vel aream
cadat, nec tu obstare possis, hæc est servitus stillicidii recipiendi.
Si vero non stillaret sed per viam canalis lignei seu lapidei grossior
caderet aqua, flumen nec stillicidium esse dicere oporteret.

Finge contra pluvialem aquam ex tecto tuo in aream meam cadere
solitam esse, et te mihi cavere de stillicidio in domo tua recipiendo;
hæc est servitus stillicidii non recipiendi. (Explication de Théophile,
parap. des Inst.)

In area sua quemque constat ædificare posse, etiam quamlibet ad
altitudinem, intermisso tantum legitimo spatio ab insula vicina. Unde
fit ut sæpe servitus imponatur illa, ne extollere, vel, si quædam sint
ædificia, ne altius tollere liceat. (Loi 14, tit. II eod.)

Est et alia servitus, ut altius tollere liceat. Haud facile intelli-
gitur quomodo vicinus dici potest mihi debere servitutem illam altius
tollendi, imo enim videtur in sua re libertatem justam habere cujusque
domini. Sed aliquando constitutiones edictæ sunt quæ demonstrarunt
ædificantibus quale jus habere deberent, ne damnum acciperent vicini;

et modum altitudinis præceperunt quem nemini licet omittere nisi
stipulatione interposita, et si quis vicino suo permisit ultra modum
statutum, domum extollere, constituit ei servitutem altius tollendi.
(Lois I et 12, §. 1er et 2, tit. X, liv. VIII, C.)

In luminum servitute constituta, vicinus nostra lumina excipere
debet. Cum autem ita servitus imponitur, ne luminibus officere liceat ;
qui promisit, nihil facere potest, invito vicino, quod lumina dominantis ædificii minuit, nec altius ædificare, nec etiam arborem ponere,
et quodcumque faciat ad luminum impedimentum, prohiberi potest.
(Lois 4 et 15, tit. II, liv. VIII. D.)

II.

Quæ necessaria sint ut servitutes constituantur.

Servitutes quasi qualitates prædiorum sunt. Unde fit ut neque ex
tempore, neque ad certum tempus, neque sub conditione constitui
possint, aliter etenim non prædio servitus sed magis facultas quædam
personæ acquisita videretur. Sed benigniore favente jure, si adjecta
fuerint talia, locus erit pacti vel doli mali, exceptionibus ad placita
servitutis observanda. (Loi 4, tit. I, liv. VIII, D.)

Modus autem adjici potest et antea potuit, veluti : ut reficiat lapide
quadrato, vel ut per certam partem fundi duntaxat agatur (eod.)

Servitus imponitur prædio ad alieni prædii utilitatem augendam.
Constat autem conventiones illas quæ quidem obsunt illi qui pactus
est, nec vero, ei qui stipulatus est, prosunt, apud prudentes nunquam valuisse ; veluti, si tibi concessero jus mihi non esse, fundo
meo frui. (Loi 15 eod.) Nam servitutes oriuntur ex necessitate ; qua
deficiente, et ipsa non constitui possunt. Neque ut spatiari mihi vel
pomum decerpere liceat, servitutem imponi posse nobis ait Paulus,

quum talis conventio personæ tantum intersit sed non fundo quem non pinguiorem fáceret, neque uberiorem, neque amæniorem. (Loi 8, eod.)

Plerumque nemo potest servitutem alieno fundo imponere, nisi vicinum habeat prædium. Quomodo enim tignum meum in alienum parietem immitterem, prædio intercedente medio, quod non serviret? Sed si ab hortis tuis ædes meæ tantum distent ut plurium intercedant fundi, servitus imponi potest ne quid officiatur ad gratiorem liberum que prospectum. Et recte placuit, via publica intercedente, vel flumine publico quod vado transiri potest, viæ aut itineris, aut actus servitutem imponi, et aquæductum per viam publicam duci dummodo hoc liceat ex lege municipali vel principis constitutione. (Lois 14, tit. I, 38, tit. III, liv. VIII, D., et loi 17, §. 2, tit. III, liv. XXXIX, eod.)

Servitutes respiciunt utilitatem prædiorum quibus debentur, quæ quidem utilitas perpetua manet. Inde causam perpetuam debent habere servitutes, et apud veteres videamus scriptum nullam aquam duci posse quæ non sit perennis, et ideo neque ex lacu neque ex stagno aquæductum concedi posse. Quod autem hodie non verum est. (Lois 28, tit. II et 9, tit. III, liv. VIII, D.)

III.

Quibus modis servitutes acquiruntur.

Nunc expedit videre quibus modis servitus acquiratur ac retineatur. Quum servitus sit quasi pars dominii, iisdem fere modis constituitur quibus et dominium. Et primum pro manifesto habere debemus unum ex dominis communis prædii permittendo jus esse ire, agere, nihil facere; singuli enim socii eumdem et totum dominium ha-

bent, nec unus, aliis invitis vel ignorantibus, conditionem dete-
riorem facere potest. Idem erit si sociorum unus ad fundum communem iter stipulatus erit. (Loi 2, tit. I, eod.)

Sed ut facilius intelligatur veteri juri et deinde Justinianeo refe
rendum est.

§. 1.

De jure antiquo.

In veteri jure solum italicum a provinciali solo distinguere oportet.
In Italia enim et in provinciis quæ jus italicum obtinuerant, quæ-
rumdam rerum dominium acquirebatur jure gentium, id est traditione, quarumdam, quas res mancipi veteres vocabant, jure civili,
id est jure proprio civitatis. Attamen hujus dominii fragmenta, id
est servitutes personarum aut rerum, strictissimo jure civili secuto,
civilibus tantum modis, non autem traditione constituebantur. Erant
autem, ut refert Ulpianus, quinque genera acquirendi jure civili :
mancipatio, in jure cessio, adjudicatio, lex et usucapio.

Per mancipationem constituebantur aut acquirebantur jura prædiorum rusticorum quæ res mancipi erant. Non aliter quam in jure
cedendo prædiorum urbanorum acquirebantur servitutes et constituebantur. Item adjudicatione judicis in tribus judiciis, familiæ er-
ciscundæ, communi dividundo, finium regundorum. Legari poterant
omnes servitutes, et, aut ipso jure constituebantur, legato facto per
vindicationem, aut heres præstare necesse habebat ex causa legati
per damnationem facti. Usucapione vero non constituebantur, ob-
stante lege scribonia (Loi 4, §. 29, tit. III, liv. XLI, D.). Denique
si quis rem suam aliquam manciparet, vel in jure cederet, hanc
legem mancipationis emptori dicere posset, ut ipsi venditori per
mancipatum fundum, ire, agere liceret, aut per venditam domum
aquæductum ducere. (Gaïus, Com. II, §. 17 et suiv.)

In provinciis autem dominium populi aut Cæsaris erat, et nemini fundi provincialis dominum ex jure Quiritium se dicere licebat, sed tantum possessorem, nec servitutes ullæ ibi constitui poterant quum prædia provinciarum neque mancipationem reciperent, neque cessionem in jure. Sed prætores, utilitatis causa, possessionem illam sicut et verum dominium, et servitutes necessitate quotidiana petitas tueri curabant interdictis et actione illa quæ vocatur Publiciana.

Hæ autem fundis provincialibus impositæ servitutes legatis et adjudicatione, quibus utebantur provinciæ, constituebantur omnes, ac plerumque pactis atque stipulationibus, quibus ille qui promittebat servitutem, solebat quoque cavere per se nunquam fieri quominus uteretur alter. Ultimo tamen isto modo obligationem perfectam potius quam servitutem constitutam videmus. Quam ob causam prætor quasi traditionem et quasi possessionem fictione juris admisit : inde servitutes constitutæ fuerunt in solo provinciali.

§. 2.

De jure Justinianæo.

Justinianus solum italicum et solum provinciale confundit et novas leges antiqua subtilitate liberatas voluit introducere, ita ut jus provinciarum totius imperii jus factum sit. Itaque servitutes quatuor modis hodie constituuntur : pactis atque stipulationibus, testamento, usucapione et adjudicatione.

1° Pactionibus atque stipulationibus constituuntur et non pactionibus *vel* stipulationibus; pacta enim non valent ad perficiendam obligationem, cum pactis nullæ inesse possint actiones. Sed si pœnam adjicerit stipulatione ille qui promiserit servitutem, perfecta erit obligatio; nec quidquam facere poterit quominus utatur alter qui fundo suo servitutem stipulatus fuerit; cujus servitutis usum; vicino quidem non ignorante pro traditione possessionis accipiendum

2

esse constat (Loi 20, tit. I, liv. VIII, D.). Pacta intervenire possunt traditioni, et si duorum prædiorum dominus unum tradiderit ea lege, ut id prædium quod datur, servus sit alteri quod retinet ipse sibi, servitus valebit quasi jure imposita. (Lois 3 et 6, tit. IV, eod.)

2° *Testamento* : Potest enim ita legari, ut heres damnetur stillicidium vicini recipere, vel ut vicinus per domum hereditariam jus habeat eundi, nec ullius interest hodie quibus verbis legatum fuerit, quum Justinianus unam jusserit omnibus legatis esse naturam, et divisionem abrogaverit veterum qui diversa legatorum genera, per vindicationem, per damnationem et alia enumerare solebant. (Instit., liv. II, tit. III, §. 4, et tit. XX, §. 2.)

3° Servitutes usucapi non posse constat apud auctores, quorum unus, Paulus legem quandam notat scriboniam auferendæ gratia usucapionis illæ, quæ servitutem constituebat, edictam (Loi 4, §. 29, tit. III, liv. XLI, D.). Possidentibus autem succurrit prætor edicto, quod multis constitutionibus principes confirmaverunt. Itaque servitutes quæ in superficie consistunt, id est prædiorum urbanorum possessione retentas esse videmus (Loi 20, tit. II, liv. VIII, D.). Sed non idem observatur et in prædiorum rusticorum servitutibus quæ sæpissime intermissionem usus, id est possessionis habent, quum facta hominis requirant, quæ non momentanea esse non possunt. Attamen singulari benevolentia, si quis diuturno usu et longæ possessionis consuetudine, jus aquæ ducendæ nactus esset, et consuetudinem ostenderet, per tot annos se usum esse, nec clam nec vi, nec precario, haberet servitutem recto jure quæsitam (Loi 10, tit. V, eod.). Sed consuetudinem quam longam arbitrabatur judex, et divus Antonius primus fuit qui finiret possessionis tempus; nam statuit servitutem, exemplo rerum immobilium, tempore fore acquisitam, ac postea constitutionem promulgavit Justinianus qua cautum est ut res immobiles et res incorporales quæ in jure consistunt, veluti servitutes, per longi temporis possessionem, id est,

inter praesentes deçennio, inter absentes viginti annis usucaperentur.
(Loi 2, tit. XXXIV, liv. III, et Loi 12, tit. XXXIII, liv. VII, Cod.)

4º Adjudicatione denique servitus imponi potest tribus judiciis :
familiae erciscundae, communi dividundo, finium regundorum.

Hic notandum est quoque quod supra diximus, servitutes prae-
diorum nunquam pignori vel hypothecae dari posse. Si tamen agitur de rusticis servitutibus, conventionem prudentes aiunt valere.
(Loi 12, tit. Ier, liv. XX, D.)

IV.

Quemadmodum servitutes amittuntur.

Si quis emit praedium quod praedio suo serviret et traditum ac-
cepit, servitutes confundi videntur, nemini etenim res sua servit;
et si rursus vendere vult, nominatim imponenda est servitus; alioquin liber fundus venit. (Loi 3, tit. II, et loi 1, tit. VI, liv. VIII, D.)

Si quis vero mihi legaverit aedificium cui servirent aedes meae, ac
codicilli postea prolati fuerint, qui ademptionem legati continerent,
eamdem manere servitutem placebit, quasi non confusam, quia ex
antiqua causa praedia separabuntur.

Finge sublatum esse aedificium ex quo stillicidium cadit, vel fundum per quem via, aut iter, aut actus mihi debetur, impetu fluminis occupatum, extinctam servitutem esse constat. Attamen quod
si aedificium eadem specie reponatur, vel flumen in alveum suum
se recipiat, servitus quoque in pristinum statum restituitur. (Loi 20,
§. 2, tit. II, et loi 14, tit. VI, eod.)

Amittuntur praediales servitutes cum dominus fundi dominantis
jus suum remiserit, vel expressis verbis, vel tacito consensu. Igitur
servitutem amissam esse dicemus et si ille cui servitus debetur, do-

mino servientis prædii permiserit aliquid facere quod servitutis jus impedire possit. (Loi 8, tit. XI, eod.)

Pro parte certum est adquiri non posse servitutem, neque legari, neque adimi, quia nihil expediret usque ad certam partem fundi tantum habere viam. (Loi 2, tit. Ier, eod.)

Haud dubium est quin omnia jura prædiorum non utendo, certo tempore pereant, nisi tamen nulla negligentia dominantis prædii domino imputari possit, veluti si fons exaruisset. Quo casu prætori placuit, fonte rursus aquam fluente, idem jus aquæ ducendæ restitui. (Loi 20, tit. VI, et loi 35, tit. III, eod.

Servitus retinetur usu cum ipse cui debetur, utitur, vel mercenarius, aut hospes, aut colonus, aut fructuarius. Si autem nemo, servitute usus fuisset per statutum tempus, jus amissum esset domino.

Sed hæc dissimilitudo est inter jura prædiorum rusticorum et urbanorum, quod non similiter pereunt non utendo. Nam in servitutibus prædiorum urbanorum vicinum simul libertatem usucapere oportet; veluti, si ædes tuæ meis serviant ne altius tollantur, et si tu ædes tuas altius sublatas habueris, nec opus novum per statutum tempus a me tibi nuntiatum fuerit; alioquin si nihil novi feceris, jus meum retineo semper. (Loi 6, tit. II, eod.) Quod si quis servitutem habens aliquid fecerit aliud quam quod pactum fuisset, ut puta si aquam habens nocturnam, interdiu usus fuerit, nocturnam servitutem amisit, nam constituto tempore uti cessavit. Idem erit si quis aqua usus fuerit alia quam in imponenda servitute actum fuerit.

Ad servitutem amittendam, inter venditorem et emptorem, testatorem et heredem, legatoriumve conjungi tempora certum est. (Loi 18, §. 2, eod.)

Biennalem usucapionem abrogavit Justinianus et censuit, ut omnes servitutes decennio inter præsentes, vel viginti annorum spatio inter absentes, amittantur non utendo. (Loi 13, tit. XXXIV, liv.

III, eod.) Qui quidem statuit quoque de illa servitute : ut liceat per agrum vicini transitum habere et facere iter, quatenus sit in sylvam inde transire, et arbores auferre. Quum plerumque uno tantum die per quinquennium illa servitute uti solitum sit, diversi auctores diversam sententiam eligerant. Itaque promulgata fuit constitutio quæ clarissime lectori causam ostendet. (Loi 14, eod.)

Denique finge plures communem fundum habere. Non debemus ignorare, licet non uterentur omnes socii, tamen unius facto cæterorum jus immutatum iri. (Loi 10 princ., tit. VI, liv. VIII, D.)

V.

De confessoria et negatoria actione.

De servitutibus duæ competunt nobis in rem actiones, quæ vocantur confessoria et negatoria. Quarum de singulis paucis verbis hic dispiciamus.

Confessoria est actio qua quis intendit prædio suo deberi servitutes in prædio adversarii. Hæc autem actio confessoria nulli alii competit quam domino fundi; servitutem enim nemo vindicare potest quam is qui dominium habet in vicino fundo cui servitus dicitur deberi.

Cui vindicationi locus erit non solum si quis juris quod mihi debetur fecerit controversiam, sed etiam quotiescumque servituti impedimentum afferre voluerit; veluti, si vicinus arborem impendentem habeat qua viam impeditam fecerit. Igitur ei competit actio qui viam, actum, iterve habens in alieno fundo, reficere viam, invito domino, aut arborem impendentem auferre vult. (Loi 4, §. 5, tit. V, liv. VIII, D.)

Quod si plurium sit fundus cui debetur vel cui imponitur servitus, unicuique et adversus unumquemque actionem competere non dubitamus. (Loi 4, §§. 3 et 4 eod.)

Negatoria actio competit ei qui servitutem ad alium in suo fundo pertinere negat. Qui negatoria actione agit, libertatem fundi sui quasi vindicare videtur, neque necesse est erga omnes fundum liberum habere, sed quantum ad eum pertinet cum quo agitur. (Loi 4, §. 6, eod.)

Nec nos fallere oportet probationem incumbere reo qui in illa actione partes actoris sustinet. Plerumque tamen incumbit probatio actori qui dicit non reo qui negat. Hic autem actor, non per juris sui affirmationem, sed per juris alterius negationem experitur.

Hoc singulare habent illæ confessoriæ et negatoriæ actiones quod sæpius ei qui jam possidet proditæ sint, in controversiis rerum corporalium, nam in his ille agit qui non possidet. (Inst., liv. IV, tit. VI, §. 2 in fine.)

Ei qui atione confessoria vel negatoria vicit, adversarius a judice jubetur restituere, vel cautionem præstare de eo restituendo, vel non inhibendo. Si neque rem præstaverit, neque caverit, tanti condemnabitur quanti actor in litem juraverit. (Loi 7, tit. V, liv. VIII, D.)

In his actionibus quæ de servitute moventur, fructus quoque venire solent, id est fructuum nomine computandum est si quid intersit agentis vel suum fundum liberum habere, vel servitute non prohiberi. (Loi 4, §. 2, eod.)

Interdicta quoque dabantur olim utilia ad servitutes tuendas, quibus interdictis non inquirebat prætor utrum is qui possidebat, servitutem jure impositam habuisset, an non, sed hoc tantum, an servitute præsenti anno, nec vi, nec clam, nec precario usus esset, quo casu in eodem statu manere jubebat. (Loi I, tit. XIX, liv. XLIII, D.) De his autem interdictis, cum abrogata fuerint, supervacuum esset plura dicere.

DROIT FRANÇAIS.

DROIT CIVIL.

DES SERVITUDES ÉTABLIES PAR LE FAIT DE L'HOMME.

(Livre II, titre IV, chapitre III, article 686-710, Code Napoléon.)

CHAPITRE I.

Notions générales.

La propriété est l'ensemble des droits les plus étendus, les plus complets que nous puissions avoir sur une chose. Qui dit propriétaire, dit maître dans le sens le plus absolu du mot. Mais ces droits peuvent ne pas toujours reposer tous sur la même tête. C'est ce qu'il n'est pas difficile de concevoir. En effet, moi propriétaire d'un verger, par exemple, je puis céder à une autre personne, le droit d'en percevoir tous les fruits, ou bien voulant faciliter l'exploitation du bois voisin je puis donner au maître de ce bois le droit de passage sur mon terrain. Dans ces deux cas, j'ai évidemment diminué mes droits de propriétaire, qui se trouvent démembrés dans le premier, au profit d'une personne à laquelle appartiendra l'un des droits les plus essentiels de la pleine propriété, c'est-à-dire, le droit d'usufruit, et dans le second, au profit d'un immeuble qui aura acquis une sorte d'augmentation par cette faculté accordée à quiconque en sera propriétaire, de prendre passage sur mon terrain comme sur un chemin public. Dès lors nous avons donc deux classes de démembrements de la propriété, imposant au propriétaire une gêne dans l'exercice de son droit, une diminution dans l'usage de sa chose. Ces deux classes ont reçu le nom de servitudes.

Quand le droit est démembré au profit d'une personne déterminée il y a servitude personnelle; au contraire on dit que la servitude est réelle lorsqu'elle est établie au profit d'une chose. Cette dernière, à la différence de la servitude personnelle, ne peut exister que sur un immeuble et au profit d'un immeuble qui le plus souvent doivent être contigus. C'est parce qu'elles ne peuvent exister qu'entre deux immeubles que les servitudes réelles sont aussi appelées services fonciers.

Cette distinction des servitudes en réelles et personnelles, établie dans les textes du droit romain, ne se trouve pas reproduite dans notre Code qui ne parle que des servitudes réelles. Il traite bien dans des titres particuliers du droit d'usufruit, du droit d'usage, du droit d'habitation qui sont bien évidemment des servitudes personnelles, les seules mêmes auxquelles on puisse attribuer ce caractère; mais nulle part, dans aucun article, on ne rencontre cette qualification de servitudes personnelles. Cela tient à la susceptibilité de l'opinion publique à l'époque de sa rédaction. Les législateurs furent constamment dominés par cette crainte, de laisser apercevoir dans leur œuvre, la moindre tendance à revenir aux lois de l'ancien régime, à faire revivre des droits devenus odieux et détruits par la Révolution. Aussi dans la rubrique du titre IV du livre II, voyons-nous les deux expressions servitudes et services fonciers employées comme synonymes.

L'article 637 définit la servitude, une charge imposée sur un héritage pour l'usage, pour l'utilité et même, pouvons-nous ajouter, pour l'agrément d'un autre héritage.

Du moment que la servitude peut procurer au fonds au profit duquel elle est établie un avantage quel qu'il soit, elle est valablement constituée ; la rédaction large de l'article 686 ne peut laisser aucun doute à ce sujet.

Cette définition n'est pas complète ; elle n'envisage la servitude que par rapport au fonds qui en est grevé, mais si on la considère par rapport au fonds au profit duquel elle est établie, on est forcé d'y voir un droit et un droit quelquefois important. Nous dirons donc que la servitude est à la fois un droit et une charge, établis sur un fonds que l'on appelle fonds servant pour l'avantage d'un autre fonds appelé fonds dominant. Ce même article 637 ajoute, que la servitude est établie sur un héritage pour l'usage d'un autre héritage appartenant à un autre propriétaire ; d'où la conséquence que l'usage que l'on fait de sa propre chose ne peut pas constituer une servitude, ce que les Romains exprimaient élégamment par cet adage : *nemini res sua servit*.

L'article 638 proclame en principe, que la servitude n'établit aucune prééminence d'un fonds sur un autre, d'où il suit qu'elle n'impose au propriétaire du fonds servant aucune obligation de faire, qu'elle ne peut être pour lui qu'une restriction au droit de disposer de sa chose. Cet article manifeste clairement la pensée prédominante des rédacteurs en cette matière. C'est une déclaration de rupture complète avec le passé, car il vient sanctionner l'abolition des droits féodaux en déclarant, que la servitude n'établit aucune prééminence d'un fonds sur un autre, tandis que les droits féodaux, par une singulière assimilation, confondant la terre elle-même avec celui qui la possédait, supposant une foi primitivement jurée, établissaient

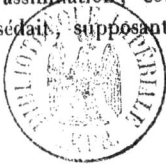

d'un domaine à l'autre des rapports de suprématie dont les effets s'étendaient ensuite aux propriétaires.

L'article 639 distingue les servitudes en trois grandes catégories, savoir: 1° les servitudes dérivant de la situation naturelle des lieux; 2° les servitudes établies par la loi; 3° les servitudes résultant des conventions entre propriétaires.

Cette division n'est pas exempte de critique. On pouvait renfermer dans une classe unique, et les servitudes dérivant de la situation naturelle des lieux, et les servitudes établies par la loi, car c'est toujours la loi qui les impose, que ce soit en raison de la situation naturelle des lieux ou en raison de l'intérêt de la propriété publique ou privée.

Mais nous n'avons à nous occuper ici que des servitudes de la troisième catégorie, c'est-à-dire, établies par le fait de l'homme, expression plus exacte que celle de notre article 639. En effet, si les servitudes de cette classe peuvent s'établir par conventions, un testament, la prescription, la destination du père de famille ne sont pas moins efficaces, et cependant il n'y a pas là de conventions.

CHAPITRE II.

Des servitudes établies par le fait de l'homme.

SECTION PREMIÈRE.

Des diverses espèces de servitudes qu'on peut établir sur les biens et de leurs divisions.

Il ne serait pas possible de faire une énumération complète de toutes les servitudes que l'homme peut établir sur sa chose. Elles peuvent se multiplier à l'infini, et pour en déterminer les différentes espèces, il faudrait prévoir les combinaisons si variées auxquelles peut se plier la volonté humaine. Aussi l'article 686 se garde-t-il d'entrer dans un détail qui ne pouvant être complet, et par cela même ayant quelque chose de limitatif, aurait soulevé de graves difficultés en paraissant n'avoir voulu admettre au nombre des servitudes que celles qu'il aurait expressément désignées. Il permet à tous propriétaires d'établir sur leurs propriétés ou en faveur de leurs propriétés, telles servitudes que bon leur semblera, n'apportant de restriction à cette liberté illimitée que pour celles contraires aux bonnes mœurs, conformément à l'article 1133 qui met sur la même ligne, comme illicites, et les conventions contraires à l'ordre public et celles contraires aux bonnes mœurs. On ne pourrait non plus stipuler une servitude qui serait purement dépendante de la volonté de celui qui aurait à la souffrir. Une telle convention serait illusoire et du reste opposée aux dispositions de l'article 1174.

Nous avons vu plus haut que la servitude doit avoir pour objet l'utilité d'un fonds; nous avons même pu ajouter, ou son agrément, en nous fondant sur la latitude extrême accordée par notre article 686 pour l'établissement des servitudes. D'où cette conséquence: que nul ne pourrait stipuler une servitude qui ne ferait que gêner la liberté d'autrui, sans être d'aucune utilité possible pour son héritage, comme si, par exemple, j'imposais à mon voisin l'obligation de ne jamais puiser de l'eau dans son puits. C'est une application de l'article 1131.

L'article 686 porte encore que les servitudes ne peuvent être imposées ni à la personne, ni en faveur de la personne, mais seulement au fonds et en faveur d'un fonds, d'où il faut conclure que le Code prohibe toute charge qui n'aurait pour objet qu'un avantage purement personnel. Dans cette rédaction se retrouve encore plus énergiquement exprimée que dans l'article 638, l'idée de consacrer la ruine du régime féodal et d'attester le respect du législateur pour la liberté individuelle. C'est l'abolition une fois pour toutes des antiques dispositions des coutumes de la féodalité qui avaient inventé de terre à terre, sous la forme des servitudes réelles avec les attributions de ces servitudes, des rapports juridiques de dépendance, dont les effets au résumé retombaient sur les possesseurs, de telle sorte que ce n'était au fond, comme le fait observer un savant jurisconsulte, que des services imposés sur le fonds pour la personne, ou pour le fonds sur les personnes, ou tout à la fois sur les personnes et pour les personnes. Dans le droit féodal, ces espèces de servitudes étaient infiniment répandues. Ainsi le fonds A était tenu d'aller faire moudre son blé au moulin du fonds B, de porter son raisin au pressoir du fonds B. Aujourd'hui des conventions tendant à établir des droits de cette nature seraient nulles comme restreignant la liberté des personnes. Du reste, il faut remarquer qu'en général on ne trouve pas dans ces espèces de droits le véritable caractère de la servitude qui consiste spécialement à souffrir ou à ne pas faire, et qui n'emporte jamais en soi une obligation de faire.

On ne pourrait donc se faire concéder, à titre de servitude, le droit de chasser ou de pêcher, d'aller se promener sur un héritage. C'est ce qu'a du reste décidé un avis du Conseil d'État (octobre 1811). Cependant de telles stipulations ne seraient pas frappées de nullité, car des conventions de cette nature n'ont en elles rien de contraire aux lois. Mais comme dans l'exercice du droit qu'elles conféreraient, il n'y aurait qu'un intérêt d'utilité ou d'agrément tout personnel; ce droit ne serait qu'une location, un usufruit, un usage d'une durée déterminée. Il ne serait point attaché à la propriété d'un fonds, comme un accessoire immuable devant passer successivement à quiconque en deviendrait propriétaire, si sa durée s'étendait au delà du terme de l'existence de la personne qui l'aurait stipulé à son profit; il ne pourrait être réclamé que par ses héritiers ou par ses ayants cause à titre universel. En un mot, ce ne serait en rien une servitude dans le sens du Code, puisque un droit ne paraît concédé au profit d'un fonds, et, par conséquent, une servitude n'existe que si ce droit peut être exercé uniquement par le possesseur du fonds, et seulement pendant le temps que se maintient sa possession.

Le Code divise les servitudes en servitudes rurales et urbaines, en servitudes apparentes et non apparentes, en servitudes continues et discontinues; divisions que nous allons examiner chacune séparément.

La division en servitudes rurales et urbaines a été tirée du Droit romain où elle avait une grande importance ; c'est même la seule que l'on trouve établie dans les textes. Les servitudes rurales et urbaines ne s'acquéraient ni ne se perdaient de la même manière. Les servitudes rurales étaient rangées dans la classe des *res mancipi,* tandis que les autres ne pouvaient jamais s'acquérir par la mancipation. En outre, les servitudes urbaines étaient seules susceptibles d'usucapion.

Il y avait encore d'autres différences dans le mode d'extinction de ces deux espèces de servitudes, mais ces distinctions n'existent plus dans notre Droit. Toutes les servitudes, soit urbaines, soit rurales, s'établissent et se perdent de la même manière, et le législateur eût tout aussi bien fait de ne pas donner place à cette réminiscence sans aucune utilité chez nous, d'autant plus que l'article 687 présente fort mal la division dont il s'agit. Il nous dit que les servitudes établies pour l'usage d'un bâtiment s'appellent urbaines, et il déclare rurales celles constituées pour l'utilité d'un fonds. Or, ce n'est pas par la nature du fonds dominant que se connaît la nature de la servitude ; s'est par la nature du fonds par lequel la servitude s'exerce, qu'il soit dominant ou servant. Ainsi le droit de passage sur un terrain pour se rendre à un bâtiment n'en est pas moins une servitude rurale. C'est du reste ce qui apparaît clairement dans les textes du Digeste.

Les servitudes sont encore apparentes ou non apparentes. On nomme servitudes apparentes celles qui s'annoncent par des ouvrages extérieurs, tels qu'une porte, une fenêtre, un aqueduc. Les servitudes non apparentes sont celles qui ne se manifestent par aucun signe extérieur, comme la servitude de ne pas bâtir ou celle de ne bâtir qu'à une hauteur déterminée. (Art. 689.)

Enfin les servitudes sont continues ou discontinues, selon que l'usage en est ou peut être continuel sans avoir besoin du fait actuel de l'homme, par exemple : les conduites d'eau, les égouts, ou que pour être exercées, elles ont besoin du fait actuel de l'homme, par exemple : le droit de passage, de puisage, de pacage et autres. (Art. 688.)

Il faut prendre garde de confondre la continuité des servitudes avec ce que les Romains appelaient la cause perpétuelle. Il est évident que ce ne peut être la même chose, puisque, suivant le Droit romain, toutes les servitudes prédiales doivent avoir une cause perpétuelle, tandis que le Code distingue très-nettement, des servitudes continues et des servitudes discontinues. On verra plus loin que dans notre Droit moderne il ne peut plus être question de la perpétuité comme d'un des caractères essentiels de la servitude.

Les auteurs établissent encore une autre division des servitudes en positives et négatives, qui n'est en somme que la traduction de la définition romaine : *Servitus in eo consistit ut dominus in sua re cogatur aliquid pati vel non facere.* Ils appellent négatives les servitudes qui obligent le propriétaire du fonds servant à s'abstenir de certains actes de propriétaire. Pour citer un exemple, nous indiquerons la prohibition de bâtir sur son terrain. Ils nomment positives celles qui obligent le propriétaire du fonds servant à laisser faire chez lui certains actes de maître par le propriétaire du fonds dominant; comme de puiser de l'eau, de tirer du sable, de faire paître un troupeau.

La pratique fait une dernière distinction, qu'on trouve aussi dans le Code (art. 665), en servitudes actives et passives, suivant qu'on les considère par rapport au fonds servant ou au fonds dominant.

Comment s'établissent les servitudes.

Avant de s'occuper des différents modes d'établissement des servitudes, il convient d'examiner quelles personnes peuvent les établir ou les acquérir. Ce sera l'objet d'un premier paragraphe, et dans un second nous rentrerons dans les dispositions du Code.

§. 1.

Quelles personnes peuvent établir les servitudes, et quelles personnes peuvent les acquérir.

L'article 686 permet à tout propriétaire de grever son fonds de servitudes. Ce texte met fin à cette question autrefois controversée de savoir si l'usufruitier peut aussi en établir. Son droit étant essentiellement passager, les droits qu'il pourrait concéder n'auraient pas le caractère fondamental de la servitude, qui est la stabilité, et ce serait le cas ou jamais d'appliquer la maxime : *Nemo plus juris dare potest quam ipse habet.*

Mais il n'en est pas de même pour le nu-propriétaire qui doit indubitablement réunir un jour sur sa tête tous les éléments de la pleine propriété. Seulement il faut prendre garde que la servitude ne porte aucune atteinte aux droits de l'usufruitier, *ne fructuarii deterior fiat conditio.*

Tout propriétaire ne peut cependant pas constituer de servitude sur sa chose. Il faut avoir la plénitude de ses droits. Ainsi, le mineur, la femme mariée, l'interdit, le mineur non émancipé, celui qui est pourvu d'un conseil judiciaire, l'individu enfermé dans une maison d'aliénés, conformément à la loi du 30 juin 1838, ne peuvent établir de servitudes sur leurs héritages, car ils ne peuvent aliéner, et la création d'une servitude est une véritable aliénation (art. 217, 484, 509, 513, 1124; art. 39, loi 30 juin 1838).

Un tuteur, un curateur ou tout autre administrateur du bien d'autrui n'en pourrait non plus établir; ce serait transgresser la loi qui prend tant de précautions pour empêcher toute diminution dans la fortune de ceux dont elle leur confie les intérêts. Le mari ne pourrait non plus en établir sur les biens dotaux de sa femme (art. 1554); toutefois il n'en serait plus ainsi sous le régime de la communauté, puisque, aux termes de l'article 1421, il en a la libre disposition à titre onéreux sans le concours de sa femme.

Les personnes qui n'ont que des droits résolubles, tels qu'un donataire, un acheteur à réméré, peuvent établir des servitudes, seulement soumises à la même condition résolutoire. Ce sont, pour ainsi dire, des servitudes éventuelles; mais la servitude qui aurait été établie par un héritier, postérieurement déclaré indigne, subsisterait toujours après le jugement prononçant l'indignité. L'indigne avant ce jugement était propriétaire; il pouvait donc faire tout acte de propriétaire, et la peine qui l'atteint ne doit pas rejaillir sur des tiers qui ont légitimement contracté.

De même, si on se place dans l'hypothèse prévue par l'article 747, en supposant le retour des biens donnés, entre les mains de l'ascendant donateur; il faut maintenir les servitudes consenties par le donataire sur l'héritage, objet de la donation, car c'est à titre d'héritier et non à titre de donateur que l'ascendant est appelé à reprendre les biens par lui donnés à son descendant.

L'article 125, considérant les envoyés en possession provisoire comme de simples administrateurs des biens de l'absent, et l'article 128 leur défendant expressément d'aliéner ses biens, il en résulte qu'il ne peuvent les grever de servitudes. Quant aux envoyés en possession définitive, ils sont considérés comme de véritables propriétaires, et, quoique soumis aux chances d'une restitution si l'absent reparaît, ils peuvent conférer aux tiers des droits irrévocables que l'absent lui-même est tenu de respecter aux termes de l'article 132. Dès lors, il ne pourrait se plaindre de l'établissement d'une servitude.

Le propriétaire d'un immeuble grevé d'hypothèque conserve néanmoins toujours le droit d'établir des servitudes sur cet immeuble; mais comme par ce fait il diminuerait le gage de son créancier, celui-ci peut invoquer les articles 1188 et 2131 pour obtenir son remboursement immédiat.

Le copropriétaire d'un fonds ne peut imposer de servitude sur ce fonds sans le consentement de ses copropriétaires. Chacun ayant les mêmes droits sur le fonds commun, il serait injuste qu'un seul pût disposer de ce qui appartient à tous. Cependant une telle convention ne serait pas absolument nulle; l'exercice de la servitude serait seulement subordonnée à l'acquiescement des autres copropriétaires. Que si cet acquiescement faisait défaut, celui à qui la servitude aurait été concédée, pourrait peut-être bien, en se fondant sur l'article 1120, faire prononcer des dommages-intérêts contre le cédant; toutefois ce ne pourrait être que dans des cas exceptionnels, puisque celui qui constitue une servitude est seulement tenu de laisser jouir et non de faire jouir. La servitude subsisterait, si l'indivision venait à cesser et que l'immeuble vînt à appartenir en totalité au concédant ou à son successeur, et, ni l'un ni l'autre n'en pourrait empêcher l'exercice en vertu des principes posés dans les articles 883 et 1122.

Enfin, il est hors de doute qu'une servitude peut être constituée par un mandataire, mais comme on ne peut voir dans un acte de cette espèce un acte de pure administration, il faut que le mandat soit exprès suivant l'article 1988.

Celui qui peut faire sa condition pire, peut incontestablement la rendre meilleure. Tous ceux qui peuvent établir des servitudes sur leurs fonds peuvent, à plus forte raison, en acquérir. Il est même des personnes à qui le droit d'accorder des servitudes est interdit et qui peuvent néanmoins en acquérir : ainsi, les mineurs, les femmes mariées, les interdits, car l'acquisition d'une servitude augmente la valeur du fonds dominant, et comme nous le disent les Instituts :

placuit meliorem eis quidem suam conditionem licere eis facere; etiam sine tutoris auctoritate; leur incapacité n'est que dans leur intérêt, et dans le cas où la convention se trouverait onéreuse, ils peuvent invoquer le bénéfice de la restitution.

Nous avons vu qu'une servitude ne peut être imposée sur un fonds qu'en vertu d'un mandat exprès du propriétaire de ce fonds. Il en est tout autrement lorsqu'il s'agit d'acquérir la servitude. Un tiers peut parfaitement stipuler une servitude au profit d'un fonds sans l'autorisation du propriétaire; c'est une véritable gestion d'affaires. Bien entendu que le maître, s'il ne trouve pas les conditions de la stipulation assez avantageuses, peut se refuser à exécuter la convention (art. 1375 *arg. à contrario*), sauf à l'autre partie contractante à se faire indemniser s'il y a lieu par le tiers.

Sans même agir au nom du propriétaire, un tiers peut, par application de l'article 1121, stipuler une servitude au profit d'un héritage qui ne lui appartient pas, lorsque telle est la condition d'une stipulation qu'il fait pour lui-même.

Le copropriétaire d'un fonds indivis peut valablement acquérir une servitude au profit de ce fonds. Tout ce qu'un associé acquiert pour la chose commune profite à ses coassociés sans qu'il soit besoin de leur consentement. En effet, c'est le devoir de chacun, de rendre la chose commune aussi avantageuse que possible. Si les autres refusent d'exercer la servitude, elle n'en subsiste pas moins, seulement la convention se réduit à l'intérêt de celui qui l'a stipulée, et en cas de partage il pourra l'exercer pour son lot s'il en est susceptible.

L'usufruitier est considéré comme mandataire du propriétaire. On admet dès lors qu'il puisse acquérir une servitude pour l'utilité du fonds dont il a l'usufruit, pourvu toutefois qu'il ne prenne pas seulement dans l'acte d'établissement la qualité purement personnelle d'usufruitier, auquel cas il n'aurait qu'un droit limité à la durée de l'usufruit.

§. 2.

Des différents modes d'établissement des servitudes.

Les servitudes s'établissent par titres, par prescription et par destination du père de famille.

Par le mot titre, la loi entend tout espèce d'actes susceptibles de transférer la propriété soit entre vifs, soit testamentaires, soit à titre onéreux, soit à titre gratuit.

Toutes les servitudes peuvent s'établir par titres. C'est le titre qui règle l'usage, l'étendue, la durée des servitudes, l'époque à partir de laquelle elles doivent s'exercer, car il est admis qu'on peut établir une servitude seulement pour un temps après lequel elle devra cesser, ou pour ne commencer qu'à une certaine époque. On peut même en restreindre l'exercice par quelques conditions. Si le titre ne s'exprime pas nettement, aux termes de l'article 696, le propriétaire du fonds servant est censé avoir accordé tout ce qui est nécessaire pour user de la servitude, et les tribunaux ont alors à apprécier selon les circonstances. Que si le titre original constatant la convention qui a constitué la servitude se trouve perdu, on peut le remplacer par un autre acte dans lequel le propriétaire du fonds servant reconnaît l'existence de la servitude (art. 695). Cet acte s'appelle acte récognitif. Il faut remarquer qu'aux termes de l'article 1337, l'acte récognitif pour avoir foi pleine et entière, doit contenir la relation spéciale de la teneur du titre original. On n'est cependant pas d'accord sur la question de savoir si cette disposition s'applique également au titre récognitif d'une servitude. S'il n'existait ni titre original, ni titre récognitif, le propriétaire du fonds dominant n'aurait plus d'autres ressources que celles de l'aveu et du serment, à moins qu'il ne s'agisse d'une servitude continue et apparente, auquel cas il pourrait invoquer la longue possession.

On trouve dans nos anciennes coutumes locales, les dispositions les plus diverses sur l'établissement des servitudes par la prescription. C'était un des points où se rencontrait le moins d'uniformité dans notre ancienne législation. Dans certaines provinces il fallait une possession trentenaire, dans d'autres dix, vingt, cent ans, on allait même jusqu'à exiger une possession immémoriale; ailleurs la possession, de quelque longue durée qu'elle pût être, était toujours rejetée; ou bien elle n'était admise que pour certaines espèces de servitudes tandis que dans la province voisine on pouvait l'invoquer pour toutes sans distinction.

L'article 690 a fait cesser cette divergence en déclarant que la prescription des servitudes s'accomplit par une possession de trente ans et en n'admettant cette prescription que pour les servitudes qui sont à la fois et continues et apparentes.

Quant aux autres servitudes soit continues et non apparentes, soit discontinues apparentes ou non apparentes, elles ne peuvent s'établir que par titres, d'après l'article 691. Cependant ce même article maintient les servitudes de cette nature, acquises par la possession dans les pays où elles pouvaient s'acquérir de cette manière.

Cette distinction de la loi entre les différentes espèces de servitudes relativement à la prescription n'est point arbitraire. En effet celui qui prétendrait avoir prescrit une servitude non apparente ne pourrait évidemment se fonder sur la publicité de sa possession. Que s'il s'agissait d'une servitude discontinue, ces sortes de servitudes lorsqu'elles ne reposent pas sur un titre, portent toujours en elles un cachet de précarité qui ne permet pas de les considérer autrement que comme étant le résultat d'une simple tolérance. Or pour pouvoir prescrire, il faut une possession publique et non précaire.

D'après l'article 690, les servitudes continues et apparentes peuvent s'acquérir par la *possession de trente ans*. De là il faut conclure quoique l'opinion contraire ait été professée, que le Code en matière de servitudes n'admet pas la prescription de dix ou vingt ans quand il y a titre et bonne foi. Cette prescription était admise dans la coutume de Paris et il semblerait au premier coup d'œil, que la possession de dix ou vingt ans, pouvant faire acquérir la pleine propriété d'un immeuble, devrait à plus forte raison suffire pour l'acquisition d'une simple servitude. Mais l'article 2264 porte que les règles de la prescription sur d'autres objets que ceux mentionnés dans le titre de la prescription sont expliquées dans les titres qui leur sont propres; et précisément dans le titre qui nous occupe, le Code n'admet d'autre prescription que celle de trente ans, par conséquent il n'y a pas lieu d'appliquer l'article 2265.

On se demande si les servitudes que le Code nous présente dans l'article 691 comme ne pouvant s'établir que *par titres*, sont susceptibles de prescription lorsqu'au juste titre *émané à non domino*, vient se joindre la bonne foi. C'est une question que l'on se posait déjà sous l'ancienne législation dans les pays où la prescription n'était pas reçue pour toutes les servitudes. Presque tous les auteurs, notamment Pothier, y répondaient affirmativement. Leur opinion a été consacrée par les écrivains modernes et par des arrêts postérieurs au Code. En effet, si j'ai acquis d'un individu qui passait pour propriétaire un droit de servitude sur l'héritage voisin, j'use de la servitude en vertu d'un titre, ma possession ne peut passer pour simple tolérance, elle a tout le caractère d'une possession *cum animo domini* qui conduit certainement à la prescription.

Les Romains, nous l'avons vu, voulaient que la cause de la servitude fût perpétuelle, c'est-à-dire que toujours, à tout moment, l'exercice de la servitude fût possible au propriétaire du fonds dominant. Ainsi le préteur se serait refusé à protéger par un interdit la possession d'un droit d'aqueduc sur des eaux ne coulant qu'accidentellement. Mais c'était une de ces subtilités si fréquentes dans leur Droit et auxquelles on ne s'attache plus aujourd'hui. Qu'importe en effet une intermittence forcée de quelque temps dans l'exercice de mon droit, si mon intérêt subsiste toujours le même, si toutes les fois que la cause reparaît, je suis là pour en profiter? Du moment que cet intérêt existe, il suffit pour faire protéger ma possession et par elle me conduire à la prescription.

Pour prescrire il faut posséder; dès lors le point de départ de la prescription des servitudes sera le jour où la possession, c'est-à-dire l'exercice du droit (art. 2228) aura commencé.

Aux termes de cet article 2228, on possède par soi-même ou par autrui; d'où cette conséquence, qu'un fermier, un usufruitier, un usager, un tuteur, un administrateur quelconque, peuvent comme le propriétaire prescrire un droit de servitude au profit du fonds dont ils ont la jouissance ou l'administration. Mais il faut toujours appliquer la règle : *Quantum possessum, tantum præscriptum;* l'effet ne peut avoir plus d'étendue que la cause, et l'on doit prendre garde d'exagérer la présomption que la loi attache à la possession de longue durée.

Il faut encore remarquer que l'article 2227 assimile aux simples particuliers, l'état, les communes et les établissements publics pour les biens qu'ils peuvent posséder. Ces biens peuvent donc être grevés de servitudes et c'est ainsi qu'un grand nombre de forêts de l'État se trouve frappées, de droits d'usage qui souvent ne laissent pas que d'être fort onéreux.

La destination du père de famille vaut titre (art. 692).

Mais que doit-on entendre par la destination du père de famille ?

Il faut supposer qu'un propriétaire établit entre deux immeubles qui lui appartiennent un rapport qui constituerait une servitude, si les deux immeubles appartenaient à des propriétaires différents, et qu'ensuite, par une cause quelconque, une séparation vient à avoir lieu, sans qu'il soit rien stipulé de relatif au service que l'un des immeubles retirait de l'autre. Le Code déclare dans l'article 693 que les choses resteront dans l'état où les a mises le propriétaire unique, et qu'il y aura servitude en vertu de l'arrangement primitif résultant de la destination du père de famille, pourvu toutefois que ce fait soit prouvé.

Dans l'ancienne jurisprudence plusieurs coutumes entre autres la coutume de Paris n'admettait pas la création de la servitude par la destination du père de famille à moins qu'il n'y eut un écrit. D'après le Code, la destination du père de famille vaut titre; mais immédiatement apparaît une restriction à ce principe ; l'article 692 ajoute : *à l'égard des servitudes continues et apparentes ;* et par là se trouve répétée la distinction établie entre les différentes espèces de servitudes lorsqu'il s'agit de les prescrire. Ainsi la destination du père de famille ne dispense pas de la présentation du titre constitutif des servitudes discontinues même apparentes ou des servitudes continues non apparentes.

Mais tout héritage est réputé libre à moins de preuves contraires ; aussi l'article 693 exige-t-il de celui qui prétend à l'existence de la servitude en vertu de la destination du père de famille, la preuve : 1° que les deux immeubles ont appartenu précédemment au même propriétaire ; 2° ainsi que nous l'avons déjà dit, que c'est par lui qu'ils ont été mis dans l'état duquel résulte la servitude.

Les auteurs ne sont pas d'accord sur la manière dont doit se faire cette double preuve. Quelques-uns, tout en ne refusant pas d'entendre des témoins sur le fait même de l'arrangement des choses dans l'état d'où résulte la servitude, donnent la preuve par écrit, comme seule admissible pour prouver que les deux fonds ont appartenu au même propriétaire ; mais l'opinion la plus généralement admise est que, le Code n'exigeant pas que cette preuve soit faite par écrit, on doit admettre la preuve testimoniale. En effet, il ne s'agit pas d'établir le droit de propriétaire de celui à qui l'on attribue la création de la servitude, mais simplement de prouver qu'à une époque déterminée, les deux fonds étaient réunis entre ses mains.

Le rapprochement de l'article 694 avec les articles 692 et 693 a donné lieu à des difficultés d'interprétation, car l'article 694 n'exige pour maintenir la servitude entre deux héritages appartenant précédemment au même propriétaire que sa manifestation extérieure par un signe apparent, tandis que l'article 692 exige positivement non-seulement un signe apparent, mais encore le caractère de continuité. Cependant, si l'on veut lire avec attention les dispositions de ces articles, et se reporter aux travaux préparatoires du Code, il n'est pas difficile d'en apercevoir le vrai sens. Les articles 692 et 693 s'occupent seules de la destination du père de famille. Ils prévoient le cas où c'est celui-là même qui avait les deux héritages dans sa main qui a créé la servitude. L'article 694 au contraire suppose que la servitude existait déjà antérieurement à la réunion des deux héritages dans les mêmes mains et déclare, que si dans l'avenir une nouvelle séparation a lieu sans que la convention s'explique sur la servitude, cette servitude sera maintenue ce qu'elle était, sous la condition qu'elle se manifeste par un signe apparent. Cette explication adoptée par quelques arrêts et qui résulte des mots mêmes employés par les rédacteurs de l'article 693, *il n'y a destination du père de famille que lorsque c'est par lui que les choses ont été mises en cet état*: de l'enchaînement naturel des idées qui devaient amener le législateur, après avoir supposé que le propriétaire a lui-même établi la servitude entre ses deux immeubles à prévoir le cas où il l'avait trouvée constituée au moment de la réunion des deux fonds entre ses mains, est pleinement confirmée par ces paroles prononcées par un orateur du tribunal à l'occasion de l'article 694 : « Le propriétaire de deux héritages, dont l'un, « *avant la réunion dans sa main,* devait un service à l'autre, aliène « l'un d'eux sans qu'il soit fait aucune mention de la servitude dans « l'acte d'aliénation ; la servitude active ou passive continue-t-elle « d'exister ? On opposait que toute servitude étant éteinte, lorsque le « fonds auquel elle est due, et celui qui la doit, sont réunis dans « la même main, il était indispensable, pour la conservation de la « servitude, qu'elle eût été réservée expressément dans l'acte. Mais « on ne prévoyait pas le cas où la chose parlant d'elle-même, la « réservation ne devenait plus nécessaire, et c'est ce cas que le projet « prévoit très-sagement.

SÉCTION III.

Des droits du propriétaire du fonds auquel la servitude est due.

Ce titre n'est pas complet, car la loi dans les articles qui suivent ne s'occupe pas moins de la manière dont on doit user de la servitude que de la manière dont elle doit être supportée. C'était peut-être la pensée primitive des rédacteurs de développer d'abord les droits du propriétaire du fonds dominant et de consacrer ensuite une nouvelle section aux droits du propriétaire du fonds servant, et cette distinction paraîtrait en effet assez naturelle. Quoi qu'il en soit, il ne convient pas de multiplier les divisions là où elles n'ont pas paru nécessaires aux esprits éminents qui ont présidé à la codification de nos lois, et qui ont jugé en cette matière, que les droits du propriétaire du fonds dominant étant limités par les droits opposés du propriétaire du fonds servant, on ne pouvait guère fixer les uns, sans par cela même déterminer les autres. C'est pourquoi il vaut mieux suivre ici la marche adoptée par le Code qui a préféré présenter en regard dans les mêmes articles les rapports quant à leurs droits respectifs des propriétaires des fonds dominant et servant.

Aux termes du dernier article de la section précédente, l'article 696, celui qui établit une servitude sur son fonds, est censé accorder tout ce qui est nécessaire pour en user. L'article 697 vient corroborer et expliquer cette disposition : lorsque le titre constitutif ne détermine ni le mode ni l'étendue du droit, ou lorsqu'il n'y a pas de titre, celui à qui une servitude est due, peut faire tous les ouvrages nécessaires pour en user et pour la conserver. Ce droit fait en quelque sorte partie de la servitude elle-même. Ainsi, par exemple, en supposant un droit de passage, le propriétaire du fonds dominant pourrait applanir le chemin, le faire paver si la servitude ne pouvait lui être utile que de cette manière. Mais, cependant, il ne faudrait pas lui permettre de rien faire au delà de ce qu'exige

5

rigoureusement l'utilité du fonds dominant ; car ce qu'il importe avant tout, c'est que la servitude ne devienne pas trop incommode, trop onéreuse pour le propriétaire du fonds servant. C'est ainsi qu'il a été jugé : que le propriétaire du fonds dominant doit apporter tout ce qui est nécessaire pour la réparation du chemin, et qu'il ne peut prendre de la terre ou des pierres sur le fonds servant. Il faudrait même lui interdire le droit de déposer ses matériaux sur les parties du fonds qui ne doivent pas la servitude à moins de nécessité bien constatée, et, dans ce cas, il serait tenu de réparer le dommage que ce dépôt aurait pu causer. Tout ceci n'est, d'ailleurs, qu'une application des dispositions de l'article 702 : que celui à qui appartient un droit de servitude, ne peut faire ni dans le fonds qui la doit, ni dans le fonds à qui elle est due, aucun changement qui aggrave la condition du premier. Il faut donc se renfermer dans les limitations du titre constitutif, et, à défaut, envisager seulement l'utilité du fonds dominant, considéré dans ce qu'il était au moment où la servitude a été établie ; car il est évident que, pour fixer les bornes dans lesquelles doit se renfermer celui qui veut user de la servitude, il faut connaître l'intérêt qu'il pouvait avoir à son établissement, et cet intérêt ne peut s'apprécier qu'en se reportant à cette époque, comme nous le dit le jurisconsulte Dumoulin : *Ad modum et exigentiam loci dominantis duntaxat quæ erat tempore constitutæ servitutis.* Ainsi le propriétaire du fonds dominant qui aurait acquis, depuis la création de la servitude, quelques héritages contigus, ne pourrait user du passage pour l'exploitation de ses nouvelles propriétés, parce qu'alors ce serait aggraver la condition du fonds servant. De même, en faisant bâtir sur ce fonds, il ne pourrait prétendre, pour le service de sa maison, à un passage journalier bien autrement incommode qu'un passage qui ne s'exerce qu'à des époques déterminées. Enfin, en supposant que, jusqu'alors, il n'eût eu qu'un sentier, il ne pourrait, sous prétexte de rendre le passage plus commode, l'élargir de manière à pouvoir y faire passer des voitures.

Cependant, si le fonds dominant se trouvait accru par alluvion, il faudrait accorder l'exercice de la servitude pour les portions nouvellement ajoutées; car, aux termes de l'article 546, il n'y a pas un nouveau fonds réuni à l'ancien, et les terrains ajoutés par alluvion en sont considérés comme partie intégrante.

Il va de soi-même que l'usage de la servitude ne peut être communiqué. Cependant on est porté à admettre cette communication des avantages d'une servitude, lorsqu'il n'en résulte aucun surcroît de charges pour le fonds servant, par exemple, si j'ai un droit de prise d'eau plus que suffisant pour les besoins de mon héritage, il n'y a rien d'illicite à ce que j'accorde à mon voisin le droit de se servir de ce qui m'est superflu, et le propriétaire du fonds servant serait, ce semble, mal reçu à se plaindre d'un arrangement qui n'apporterait aucune aggravation à ses charges.

L'article 698 met tous les ouvrages aux frais du propriétaire du fonds dominant. Ce principe est général. La loi française n'admet plus l'exception des jurisconsultes romains relativement à la servitude d'appui, appelée *oneris ferendi*; mais la deuxième partie de l'article, appliquant ici spécialement le principe de la liberté des conventions, formulé d'une manière générale dans l'article 1134, ajoute, à moins que le titre d'établissement ne dise le contraire. Une convention peut donc intervenir, qui mette les travaux à faire ou une partie à la charge du fonds servant.

Mais il ne faut pas prendre à la lettre les expressions de l'article qui sembleraient ne s'appliquer qu'au cas où la servitude est établie par titre, et où la convention est insérée dans le titre comme une des clauses d'établissement. Le législateur n'a considéré que ce qui a lieu le plus habituellement. Il est évident qu'une convention peut intervenir, à quelque époque que ce puisse être, pour modifier l'étendue de la servitude, et alors même qu'il s'agirait d'une servitude acquise autrement que par titre.

Mais cette obligation, de maintenir l'immeuble dans l'état néces-

saire à l'exercice de la servitude, n'est pas une obligation personnelle; c'est une charge imposée au fonds lui-même, à laquelle tous
les propriétaires successifs devront se soumettre, comme ils se sou-
mettront, à souffrir l'exercice de la servitude, et de là il résulte
que le propriétaire actuel qui la trouverait trop onéreuse, pourrait
s'en affranchir en faisant l'abandonnement de son héritage au propriétaire du fonds dominant (art. 699), absolument comme le tiers
détenteur de l'immeuble hypothéqué en pourrait faire le délaissement
aux créanciers, aux termes de l'article 2172.

Toutefois, un illustre professeur étranger, qui a écrit sur notre
Code, a prétendu que cette obligation, qui n'est pourtant qu'un
accessoire de la servitude, ne pouvait passer successivement à tous
les possesseurs de l'héritage servant, se fondant sur cette idée, qu'elle
ne consiste pas dans un service à rendre par la chose, ni dans un
usage auquel cette chose serait affectée. Cependant l'hypothèque non
plus ne consiste pas dans un usage de la chose, ce qui n'empêche
pas le créancier de poursuivre son droit sur cette chose, et, comme
le fait observer M. Marcadé, d'après ce système, il n'y aurait réellement plus d'obligation; car toute obligation est un lien, et ici le
lien n'existerait pas, puisque l'article 699 permet à celui-là même
qui a consenti l'obligation, de s'en affranchir pleinement par l'abandonnement du fonds. Donc le propriétaire du fonds dominant n'aurait aucun moyen de faire exécuter la convention, ce qui est tout
à fait inadmissible : ce qui serait, du reste, contraire aux dispositions de l'article 1174, que l'obligation ne peut dépendre uniquement de la volonté de celui qui s'oblige.

Ici se présente la question de savoir si c'est le fonds tout entier
que doit abandonner le propriétaire du fonds servant pour s'affranchir des travaux. L'article 699 semblerait devoir la faire résoudre
affirmativement ; mais on comprend qu'une application trop littérale
de ses dispositions serait contraire à l'équité et souvent très-préju-
diciable aux intérêts de celui que la loi a voulu couvrir de sa pro-

tection. Ainsi, par exemple, je vous ai concédé le droit de passage à travers un domaine très-étendu qui m'appartient, et qui peut être d'une valeur très-considérable, en m'engageant à faire tous les travaux nécessaires pour vous procurer un chemin toujours en bon état, il serait tout à fait injuste et déraisonnable, que, pour me débarrasser de cette obligation, je dusse vous abandonner mon domaine tout entier, quoique une très-faible partie seulement fût grevée de la servitude. Telle ne peut avoir été notre pensée en contractant. Tout ce que vous pourrez exiger équitablement, c'est que je vous abandonne toute la partie du fonds sur laquelle votre servitude s'exerce. Ainsi on doit donc entendre notre article 699 dans ce sens, que le propriétaire du fonds servant, pour s'affranchir des travaux à sa charge, doit faire l'abandon seulement de ce qui est assujetti à la servitude ; l'abandon du fonds entier ne pourrait être exigé qu'autant que la servitude porterait sur toutes les parties du fonds. Au reste, c'est au juge qu'il appartient de décider d'après les circonstances.

Le propriétaire du fonds servant peut se plaindre de tout changement, de tout fait qui vient aggraver sa condition. Il semblerait devoir être admis à se plaindre de la division du fonds dominant entre plusieurs, mais le Code a prévu ce cas et l'art. 700 déclare que la servitude reste due pour chaque portion, sous cette condition toutefois que la modification éprouvée par le fonds dominant n'ait aucune influence sur la servitude elle-même et ne tende pas à l'aggraver. Ainsi pour prendre l'exemple donné par l'article : en supposant un droit de passage, tous les propriétaires seraient obligés de l'exercer par le même endroit, ils devraient se renfermer strictement dans les limites du droit du possesseur primitif de l'héritage maintenant divisé. S'il s'agissait d'un droit de puisage; ils devraient se régler entre eux pour ne pas prendre plus d'eau à eux tous que leur auteur.

La servitude pouvait primitivement n'être due qu'à une partie déterminée du fonds. Dans ce cas, celui-là seul pourrait y prétendre à qui écherrait cette partie. Supposons une maison ayant un droit de vue sur le jardin voisin, et de laquelle dépendent des bâtiments qui en sont ensuite détachés; le droit à la servitude ne pourrait être étendu à ces bâtiments, car il faudrait ouvrir de nouveaux jours sur le fonds servant et ce serait aggraver la servitude.

Le Code ne s'occupe pas de la division du fonds servant et c'était inutile. La servitude est de sa nature indivisible; elle est imposée sur le fonds assujetti tout entier et sur toutes ses parties, et peu importe qu'il vienne à être partagé. Cependant si la servitude ne s'exerçait que sur une partie du fonds et que cette partie fût comprise tout entière dans un seul lot, ce lot seul continuerait à être affecté de la servitude, les autres deviendraient libres.

En principe, nul ne peut par son fait porter atteinte aux droits de celui avec qui il a contracté. Le propriétaire du fonds débiteur de la servitude ne doit donc rien faire qui tende à en diminuer l'usage ou à le rendre plus incommode (art. 701), car la servitude n'existe que de son consentement exprimé ou présumé, ou de celui d'un de ses auteurs, et dans ce cas (art. 1122), la propriété ne lui a été transmise qu'à la condition de respecter la servitude établie Ainsi, il ne peut changer l'état des lieux en élevant, par exemple, un mur qui obstruerait les jours du voisin; il ne peut transporter l'exercice de la servitude dans un lieu autre que celui où elle a dû primitivement s'exercer; seulement la loi, toujours favorable à la libération du fonds servant, établit dans la deuxième partie de l'article 701 une exception à cette règle rigoureuse. Elle permet au propriétaire du fonds servant de faire changer l'assiette de la servitude, lorsque l'assignation primitive lui est devenue trop onéreuse ou seulement incommode, ou quand elle empêche les réparations nécessaires, de la faire transporter dans une autre partie du fonds, pourvu qu'il n'en résulte aucun dommage pour le propriétaire du fonds dominant.

Le propriétaire du fonds servant peut donc à son gré, malgré le titre, modifier d'une certaine manière le droit du fonds dominant, en fixant pour l'exercice de la servitude un point différent de celui primitivement assigné. A plus forte raison faut-il lui accorder cette faculté lorsqu'il n'y a pas de titre ou que le titre ne s'exprime pas nettement. C'est ce que nous dit le jurisconsulte Dumoulin : *Et hinc est quod electio loci exercendæ servitutis non est creditoris sed debitoris.* C'est, du reste, une règle de Droit écrite dans l'article 1162, que dans le doute, les conventions doivent s'interpréter en faveur de celui qui s'oblige. Par application de cette règle, il faudrait lui permettre non-seulement de fixer le lieu, mais même de déterminer l'heure et le temps. Ainsi s'il s'agissait d'un droit de puisage, on devrait écouter le propriétaire du fonds servant qui s'opposerait à ce que ce droit s'exerçât pendant la nuit.

Celui qui doit la servitude conserve la libre disposition de son héritage. Il peut dès lors y faire tous les changements, toutes les constructions qu'il juge convenables pourvu que celui à qui la servitude est due, ne puisse se plaindre d'être gêné dans l'exercice de son droit. C'est ainsi qu'il a été décidé, que la prohibition de bâtir n'entraînait pas celle de faire des plantations. Cependant s'il s'agissait d'une servitude de prospect, pour parler le langage romain, il semble qu'il pourrait en être autrement. Ce sont, du reste, des questions de faits dont la solution appartient aux tribunaux.

SECTION IV.

Comment les servitudes s'éteignent.

Le Code, dans les articles 703-710, ne prévoit que trois cas : la prescription par le non-usage; un changement survenu dans l'un ou l'autre des fonds servant ou dominant de nature à empêcher l'exercice du droit; la réunion entre les mêmes mains des deux fonds servant et dominant. Mais les modes d'extinction sont beaucoup plus nombreux. Nous en avons déjà rencontré un sous l'article 699 dans l'abandon du fonds débiteur de la servitude, et il en est encore d'autres qu'il ne faut pas passer sous silence; tels que la renonciation de la part de celui à qui elle était due, la résolution du droit de celui qui l'avait constituée, l'arrivée du terme ou de la condition prévue.

Il faut donc dire que les servitudes s'éteignent :

1) Par l'abandon du fonds servant (il sera inutile de revenir sur ce qui a été dit à l'article 699);

2) Par un changement tel dans l'un ou l'autre des fonds qu'on ne puisse plus en user;

3) Par la confusion;

4) Par le non-usage;

5) Par la renonciation du propriétaire du fonds dominant;

6) Par la résolution du droit du concédant;

7) Par l'arrivée du terme fixé ou l'événement de la condition prévue.

2° Les servitudes cessent lorsque les choses se trouvent dans un tel état qu'on ne peut plus en user; par exemple : si la prairie sur laquelle j'avais le droit de faire paître mon troupeau se trouve recouverte par l'inondation. L'article 703 ne dit pas que les servitudes sont éteintes mais simplement qu'elles cessent. Cette expression est à remarquer; elle indique qu'il y a seulement suspension du droit, et en effet d'après l'article suivant, les servitudes revivent : si les causes qui mettaient obstacle à leur exercice viennent à disparaître, si les choses sont rétablies dans leur ancien état. Il n'y aurait extinction que si l'impossibilité d'user de la servitude avait duré pendant un temps assez long pour opérer la prescription, et cette extinction résulterait non pas du changement d'état des lieux, mais du non-usage. Aux termes de l'article 665, lorsqu'on reconstruit une maison, les servitudes actives et passives revivent à l'égard de la nouvelle maison, pourvu que la reconstruction se fasse avant que la prescription soit acquise. Bien entendu qu'il ne faudrait pas que le changement d'état fût le fait du maître de l'héritage servant, car alors il aurait contrevenu aux dispositions de l'article 701, et invoquerait mal à propos les articles 703 et 704.

On peut placer ici comme mode d'extinction des servitudes offrant quelque analogie avec le changement d'état des lieux, l'expropriation pour cause d'utilité publique. En effet, les immeubles expropriés le plus souvent, passent dans le domaine public; ils sortent du commerce, et n'étant plus susceptibles de propriété privée, ils ne peuvent plus rester grevés de servitudes. Les choses se trouvent donc dans un état tel, comme le dit l'article 703, qu'il n'est plus possible d'user de la servitude. Mais cependant dans ce cas, il y a plutôt extinction par voie de rachat; l'État rachète au propriétaire du fonds dominant le droit de servitude. L'article 21 de la loi du 3 mai 1841 accorde une indemnité à tous ceux qui ont des droits réels sur l'immeuble exproprié, et nommément à ceux qui peuvent réclamer des servitudes.

3° La servitude étant un droit sur la chose d'autrui, elle est éteinte lorsque le fonds qui la doit et celui à qui elle est due se trouvent réunis dans les mêmes mains (art. 705). Il y a alors extinction par confusion. L'exercice de la servitude n'est plus que l'exercice du droit de propriété. Mais il faut que la propriété entière des deux fonds se trouve confondue entre les mains d'un seul. Si un fonds était assujetti aux domaines séparés de deux personnes qui l'achèteraient en commun, il n'y aurait pas confusion, car la servitude s'exerce sur chaque parcelle du fonds assujetti, et dans chaque parcelle de l'immeuble acquis en commun chacun rencontre un copropriétaire obligé de souffrir l'exercice de la servitude comme le propriétaire précédent. De même, si le fonds propre de l'un des époux devait un service quelconque au fonds de l'autre, le mariage n'opérant pas confusion de la propriété, laisserait subsister la servitude. Il faut aussi que la réunion des deux immeubles soit définitive, autrement, il n'y aurait qu'une suspension momentanée.

6

L'événement d'une condition résolutoire, l'exercice du réméré feraient revivre les servitudes actives et passives. Elles revivraient pareillement, *ex antiqua causa*, comme disaient les Romains, si, lors de la réunion, la cause qui devait plus tard amener la séparation existait déjà; par exemple, lorsqu'un héritier déjà propriétaire du fonds dominant, s'est mis en possession de l'hérédité dont faisait partie le fonds assujetti, et qu'en vertu d'un testament, il est obligé de délivrer cet immeuble à un légataire.

Quelquefois le titre, en vertu duquel les deux fonds servant et dominant se trouvent réunis dans les mêmes mains, exclut de sa nature toute idée de confusion. Ainsi, le patrimoine de l'héritier bénéficiaire restant distinct du patrimoine du défunt, les servitudes devraient subsister même après l'acceptation sous bénéfice d'inventaire. Il en serait tout autrement en cas d'acceptation pure et simple, qui opère la confusion la plus complète que l'on puisse imaginer, puisqu'elle va jusqu'à confondre les personnes.

Il faut encore se rappeler ici l'art. 694. D'après cet article, lorsqu'il existe des signes apparents de servitude entre deux immeubles qui viennent à se trouver réunis entre les mains du même propriétaire, et qu'il s'opère ensuite une nouvelle séparation, la servitude est maintenue pourvu que le signe apparent subsiste. Dès lors, il nous faut donc dire que la réunion des deux fonds dans la même main ne produit pas l'extinction des servitudes apparentes, à moins de suppression du signe apparent.

4° Toutes les servitudes sans exception sont éteintes par le non-usage pendant trente ans (art. 706). On ne distingue pas ici entre les servitudes continues apparentes et les servitudes discontinues et non apparentes comme on a distingué pour leur acquisition. Cela vient de ce qu'on accorde plus de faveur à la prescription qui tend à éteindre une servitude qu'à celle qui tend à l'établir.

Celui qui n'a pas usé de son droit pendant trente ans est présumé y avoir renoncé. Mais le non-usage pendant cet espace de temps doit-il être volontaire de la part de celui à qui la servitude est due, où bien faut-il faire courir la prescription lors même que l'usage de la servitude a été supprimée par suite d'une force majeure, d'un obstacle invincible que le propriétaire du fonds dominant ne pouvait empêcher ni faire cesser? C'est une question controversée.

On dit que l'extinction par le non-usage résulte du consentement présumé du maître du fonds dominant à l'abandon de son droit, que cette présomption n'est plus possible si le non-usage est forcé, et que dès lors la prescription ne peut plus courir au profit du fonds servant.

Sans doute, si l'on a quelque négligence à reprocher au propriétaire du fonds dominant qui ne s'est pas mis en peine d'user de son droit lorsque rien ne s'y opposait, ou qui est resté inactif lorsqu'il pouvait faire cesser les obstacles, il est raisonnable de présumer la renonciation à son droit et de décider que le fonds servant a prescrit sa libération. Ainsi, lorsque ma maison à qui étaient dues des servitudes, est détruite par un incendie et que je laisse passer trente ans sans la reconstruire, j'ai perdu mon droit, car il dépendait uniquement de mon fait de rétablir les choses dans leur ancien état.

Mais si le propriétaire du fonds dominant n'a cessé d'user de la servitude que par ce qu'il y a été contraint par un événement de force majeure qu'il n'était pas en son pouvoir d'empêcher, par des obstacles persistants qu'il ne pouvait faire cesser, on ne peut certainement pas voir dans son inaction, si longue qu'elle puisse être, l'intention de renoncer à son droit. Ainsi, quand la source sur laquelle j'avais un droit de puisage, s'est tarie, et qu'elle vient à reparaître même après plus de trente ans, ma servitude n'est pas éteinte; je rentre dans tous mes droits. On ne peut prendre mon silence forcé pour un aveu tacite d'abandon. C'est le cas d'appliquer la maxime : *contra non valentem agere, non currit præscriptio.*

Cette opinion est enseignée par quelques auteurs éminents qui s'appuient sur les termes des articles 704, 706, 707 et 665 qui, disent-ils, se bornent à poser le principe : que le non-usage de la servitude *fait présumer* l'abandon, et par conséquent, permettent au propriétaire du fonds dominant, de faire tomber cette prescription par la preuve contraire, en démontrant qu'il n'y a rien à induire de son silence pendant trente ans.

Cependant, l'opinion contraire nous semble devoir être préférablement admise. En effet, les articles 704, 706 et 707 ne distinguent pas entre le non-usage volontaire et le non-usage forcé. L'article 706 dit simplement : les servitudes sont éteintes par le non-usage pendant trente ans, l'article 707 établit le point de départ des trente ans, et d'après les autres articles cités plus haut 665 et 704, les servitudes ne revivent qu'autant que les choses ont été rétablies dans leur ancien état avant l'expiration des trente années, conformément à l'article 707. En outre, le législateur devait surtout prévenir des procès qui auraient pu s'élever après plusieurs siècles passés dans une complète sécurité, et si nous nous reportons aux discussions préparatoires du Code, nous lisons dans le discours du rapporteur du Tribunat; que dans l'intérêt de la liberté des héritages, le retour au premier état ne peut avoir lieu après une durée de temps indéfinie.

Quant à la maxime invoquée : *contra non valentem agere non currit præscriptio*, il est reconnu qu'elle ne peut s'appliquer qu'autant que l'obstacle d'où naît l'impossibilité d'agir est un obstacle de droit. Or, nos articles ne prévoient que des obstacles de fait. Au reste, le propriétaire du fonds servant a un moyen bien simple d'empêcher la prescription de courir contre lui, c'est de forcer le propriétaire de l'héritage assujetti, à lui donner une reconnaissance de son droit.

Pour que la servitude se conserve, il n'est pas nécessaire qu'elle soit exercée par le propriétaire du fonds dominant. Peu importe,

qu'elle soit exercée par un fermier, par un locataire, par un usufruitier, pourvu qu'elle le soit, c'est tout ce que la loi exige. C'est
un principe que nous avons déjà vu ; qu'on possède par soi-même
ou par autrui, et dont l'article 709 fait une application particulière
en décidant, que dans le cas d'indivision du fonds dominant entre
plusieurs copropriétaires, la jouissance de l'un empêche la prescription à l'égard des autres. En effet, chaque copropriétaire ayant un
droit sur tout le fonds et sur chaque partie du fonds, les actes
utiles qu'il fait ne peuvent être limités à sa portion. Il les fait pour
le fonds entier, et par conséquent dans l'intérêt de ses copropriétaires tout autant que dans son intérêt propre.

Nous avons vu à l'article 700, que la servitude resterait due pour
chaque portion, mais comme par l'effet du partage chaque portion
est devenue un tout particulier, l'exercice que ferait un seul des
copartageants, de la servitude, ne profiterait point aux autres.

L'article 707 détermine le point de départ des trente ans nécessaires pour opérer la prescription par le non-usage. Il distingue selon
les diverses espèces de servitudes. Le délai commence à courir, du
jour où l'on a cessé de jouir lorsqu'il s'agit de servitudes discontinues, du jour où il a été fait un acte contraire à la servitude lorsqu'il s'agit de servitudes continues. Ainsi qu'il s'agisse d'un droit de
passage ; dès que le fait du propriétaire du fonds dominant vient à
cesser, il y a non-usage, le propriétaire du fonds servant n'a absolument rien à faire pour arriver à prescrire. Qu'il s'agisse, au contraire, d'une servitude d'égouts, d'une servitude de ne pas bâtir,
l'existence de ces sortes de servitudes étant indépendante du fait de
l'homme, tenant à l'état des lieux, l'inaction du propriétaire du fonds
dominant ne peut pas constituer le non-usage ; il faut qu'il ait été
fait un acte contraire à la servitude, un acte qui mette le fonds servant en possession de liberté. Reprenons les deux exemples présentés :
l'égout et la prohibition de bâtir ; si le propriétaire du fonds servant
élève un bâtiment sur son terrain, fait boucher les gouttières qui

amenaient chez lui les eaux du voisin, et que cet état se continue
pendant trente ans sans réclamation, il y aura extinction par le non-
usage. Il faut remarquer que dans ces cas le propriétaire du fonds
dominant, aurait, pour faire remettre les choses dans leur état primitif, les actions possessoires en complainte et en dénonciation de
nouvel œuvre, mais pourvu qu'il agît dans l'année du trouble ap-
portée à sa possession (art. 2243). Il importe peu du reste que cet
acte ait été fait par le propriétaire du fonds servant lui-même ou par
le propriétaire du fonds dominant, ou même par un tiers, l'article
ne distingue pas. Il suffit qu'il y ait un changement incompatible
avec le maintien de la servitude. Ainsi, qu'un propriétaire intermédiaire fasse élever des constructions, la prescription commencera à
courir par son fait, et il est digne d'attention; que le propriétaire du
fonds dominant ne pourra l'empêcher de s'accomplir, puisque nous
supposons le fonds intermédiaire parfaitement libre à son égard.

Ici se présente cette question de savoir, si les servitudes peuvent
s'éteindre par la prescription de dix ou vingt ans au profit d'un tiers
acquéreur de bonne foi.

Dans quelques coutumes on admettait la prescription de dix ans
en faveur de l'acquéreur du fonds servant lorsque les servitudes ne
lui avaient pas été déclarées dans le contrat d'acquisition, et que
l'usage en avait cessé pendant ces dix ans. Mais admettre une déci-
sion semblable d'une manière générale, ne serait pas, ce semble,
toujours équitable; ce serait rendre le maître du fonds dominant,
responsable d'une faute qui lui est étrangère. Celui qui vend un héritage grevé de servitudes doit les déclarer; il en doit la garantie s'il
ne l'a pas fait. L'héritage assujetti a beau changer de maître, il reste
toujours dans la même situation à l'égard du fonds dominant, et le
propriétaire de ce dernier n'a pas à s'inquiéter des mutations qui
peuvent survenir. Pour lui, il y a un fonds sur lequel il a un droit
de servitude, il n'y a pas de propriétaire. Du reste, les servitudes
actives ou passives sont des qualités du fonds; l'acquéreur a acheté

le fonds avec toutes ses qualités bonnes ou mauvaises; on peut même, jusqu'à un certain point, lui reprocher son imprudence, puisqu'il a négligé de prendre les renseignements suffisants. S'il se trouve lésé, il ne peut s'adresser qu'à celui avec qui il a contracté, et l'article 1638 lui donne un remède efficace, en déclarant qu'il y aura lieu pour l'acheteur à demander la résolution du contrat, à moins qu'il ne préfère une indemnité lorsque l'héritage vendu se trouve grevé de servitudes non apparentes (car pour celles qui se manifestent extérieurement on ne peut prétendre avoir agi sans connaissance de cause), assez onéreuses pour avoir pu empêcher la vente si elles eussent été connues.

De plus, nous avons l'article 2264 portant que les règles du dernier titre du Code ne s'appliquent pas aux objets pour lesquels des règles particulières sont indiquées. Lorsqu'il s'agit de la servitude, le temps pour prescrire est fixé à trente ans, et dès lors il faut toujours refuser un terme moins long quel que soit le propriétaire du fonds servant. Néanmoins il faudrait peut-être décider différemment s'il y avait acquisition *à non domino*. Dans cette hypothèse, ce qu'il y a à prescrire, c'est la propriété elle-même dont la servitude n'est qu'une minime partie. Il ne s'agit plus d'obtenir la liberté du fonds, il s'agit d'acquérir ce fonds lui-même. L'acquisition de la servitude devra entraîner celle de la liberté du fonds, c'est-à-dire, l'extinction de la servitude.

Le mode de la servitude peut se prescrire comme la servitude elle-même, et de la même manière, dit l'article 708.

Le mode de la servitude est la manière dont elle s'exerce. La prescription peut donc apporter des modifications à l'exercice de la servitude tout en la laissant subsister. Cette prescriptibilité du mode des servitudes s'applique à leur acquisition comme à leur extinction en distinguant néanmoins celles qui peuvent s'acquérir sans titre, par la prescription et les autres dont la possession, quelque longue qu'elle soit, est toujours inefficace.

Il faut entendre l'article en ce sens, que toutes les servitudes sans exception peuvent être diminuées par la prescription, tandis que les seules servitudes continues et apparentes peuvent être augmentées par ce moyen. On peut rester en deçà de son titre ou aller au delà sans perdre la servitude, mais si l'on fait autre chose que ce que l'on devait faire d'après le titre, l'exercice de la servitude n'est pas changé, la servitude elle-même est perdue, à moins qu'il ne s'agisse d'une servitude qui puisse s'acquérir par prescription, et alors on ne peut pas dire précisément qu'il y ait changement dans le mode de la servitude; il y a une nouvelle servitude acquise qui remplace une servitude perdue. Si j'ai le droit de puiser de l'eau pendant le jour, et que pendant plus de trente ans j'aie exercé ce droit pendant la nuit; au bout de ce temps mon droit ancien de puiser pendant le jour sera perdu, sans que pour cela j'aie acquis le droit de puisage nocturne, puisqu'il s'agit d'une servitude discontinue.

L'article 709 nous a dit, que les actes utiles faits par un seul copropriétaire du fonds étaient censés faits par tous, et profitaient à tout le fonds, et par conséquent, à tous les communistes.

L'article 710 décide de la même manière, que si parmi les copropriétaires du fonds dominant il s'en trouve un contre lequel la prescription ne puisse pas courir, comme un mineur, en conservant son droit, il aura conservé celui de tous.

D'après cet article 710 il faut décider que les causes générales de suspension de la prescription s'appliquent lorsqu'il s'agit de la prescription des servitudes. Le temps de la minorité, de la prescription ne sera donc pas compris dans les trente ans pour arriver à l'extinction de la servitude (art. 2252), non plus que le temps du mariage ne pourra être invoqué par un des époux contre l'autre, puisque la prescription ne court pas entre époux d'après l'article 2253, mais la prescription courrait contre des fermiers, des administrateurs quelconques, des usufruitiers, quoiqu'ils n'aient pas le droit d'aliéner, sauf recours contre eux.

Les mêmes règles s'appliquent évidemment lorsqu'il s'agit d'acquérir la servitude.

En un mot les principes généraux posés par le législateur dans le dernier titre du Code trouvent à s'appliquer lorsqu'il s'agit d'acquérir ou de perdre des servitudes par la prescription. C'est ainsi que l'on admet la disposition de l'article 2235, que pour compléter le temps nécessaire à la prescription on peut joindre à sa possession celle de son auteur. Celui qui prétendrait la servitude éteinte par le non-usage pourrait opposer le temps pendant lequel n'aurait pas usé le prédécesseur de son adversaire, et la prescription se composerait de ces différentes périodes de temps.

5° Il est évident que la servitude peut s'éteindre par la remise volontaire soit gratuite, soit à titre onéreux du propriétaire du fonds auquel elle est due. Cette remise peut être expresse ou tacite, mais dans ce dernier cas elle doit résulter de circonstances qui ne laissent aucun doute sur la volonté du renonçant, par exemple, s'il permet de clore le fonds sur lequel il avait un droit de passage. Mais il faut supposer qu'il a eu connaissance des ouvrages, autrement il ne serait pas possible de voir dans son silence et son défaut d'opposition un acquiescement tacite entraînant renonciation à son droit.

Le copropriétaire d'un fonds indivis ne pourrait faire remise de la servitude sans le consentement des copropriétaires, car il n'a pas la disposition de l'héritage commun. Mais la remise produirait son effet quant à lui qui ne pourrait réclamer personnellement l'usage de la servitude, et cette servitude serait complétement éteinte si par l'effet d'une licitation il devenait seul propriétaire. La remise faite à l'un des propriétaires du fonds servant ne pourrait produire d'effet qu'après le partage et seulement sur la portion attribuée à cette personne, et encore seulement lorsque la servitude serait divisible dans son exercice, ou bien si l'individu à qui la remise aurait été faite devenait seul propriétaire.

6° Personne ne peut transférer à autrui plus de droit qu'il n'en a lui-même. La résolution du droit de celui qui a donné emporte

7

donc la résolution du droit de celui qui a reçu : *soluto jure dantis solvitur jus accipientis.* C'est une maxime incontestée, passée du Droit romain dans le nôtre et qui doit s'appliquer aux servitudes comme à toute autre espèce de droits. Les dispositions du Code sur l'effet des résolutions ou rescisions des contrats nous fournissent de nombreux exemples. Ainsi dans le cas de vente avec pacte de rachat, le vendeur qui exerce le réméré reprend l'héritage exempt de toutes les charges dont l'acquéreur l'avait grevé (art. 1673) ; ainsi dans le cas de révocation d'une donation pour cause d'inexécution des conditions ou pour cause de survenance d'enfants, les articles 954 et 963 font rentrer les biens dans le patrimoine du donateur, libres de toutes charges de la part du donataire ; ainsi encore l'article 1183 veut que la clause résolutoire remette les choses au même état que si l'obligation n'avait pas existé. Enfin nous trouvons l'article 2125 qui prévoit le cas de rescision pour cause d'erreur, violence, vol ou lésion d'outre moitié et dont la disposition relative seulement aux hypothèques doit être étendue à tous les droits réels.

Mais il est aussi un autre principe d'équité dont il ne faut pas se départir, c'est que personne ne peut changer de volonté au préjudice d'autrui, *nemo potest mutare consilium suum in alterius injuriam.* De là nous devons tirer cette conséquence, que si l'événement qui vient résoudre le contrat, est le résultat de la seule volonté de celui qui a constitué la servitude ou d'un fait imputable à lui seul, cette servitude doit subsister malgré la résolution. C'est pourquoi la loi, dans l'article 958 relatif à la révocation des donations pour cause d'ingratitude, maintient toutes les charges établies sur l'immeuble donné, du chef du donataire. Il faut en dire autant des servitudes et autres charges qui auraient pu être consenties sur les immeubles d'une succession par un héritier déclaré indigne.

Quant à la résolution du droit de celui au profit de qui la servitude a été constituée, elle n'entraîne point l'extinction de cette servitude. C'est en faveur du fonds et non des personnes que les servitudes sont établies. Elles sont dues au fonds seul et le suivent dans toutes les mains entre lesquelles il passe. C'est un devoir pour quiconque a l'administration d'un bien, de faire tout ce que l'utilité de ce bien peut exiger et c'est ainsi qu'on a admis que le possesseur de mauvaise foi lui-même peut acquérir valablement une servitude.

7° Dans les principes rigoureux du Droit romain, les servitudes prédiales ne pouvaient pas être établies à terme ou sous condition, *neque ad tempus, neque ex tempore, neque sub conditione, neque ad certam conditionem.* Le Droit prétorien s'était écarté de cette rigueur, et nous avons déjà dit plus haut que dans notre Droit, rien ne s'oppose à ce qu'une stipulation intervienne portant que la servitude subsistera pendant un temps limité ou qu'elle s'éteindra dans tel cas ou lors de tel événement. Lorsque le temps déterminé par la convention est expiré, que la condition est accomplie, l'événement arrivé, la servitude se trouve anéantie de plein droit.

DROIT COMMERCIAL.

DE LA VENTE DES MARCHANDISES ET MEUBLES DU FAILLI

ET

DES RECOUVREMENTS.

(Art. 484 - 489, Code de commerce.)

La faillite est l'état du commerçant qui a cessé ses paiements, qui s'est trouvé hors d'état de satisfaire aux engagements qu'il avait contractés relativement à son commerce.

Il doit lui-même, dans les trois jours de la cessation des paiements, en faire la déclaration au greffe du tribunal de commerce de son domicile. Il doit en même temps donner un aperçu de sa situation en faisant connaître les ressources dont il peut disposer en regard des obligations auxquelles il a à faire face. C'est pourquoi sa déclaration doit être accompagnée du dépôt de son bilan ou contenir l'énumération des motifs qui l'empêcheraient de le déposer. Ce n'est qu'à défaut du débiteur que la loi autorise les créanciers ou même le ministère public à provoquer la déclaration de faillite.

Le tribunal de commerce est ensuite appelé à proclamer la faillite par un jugement que la loi appelle déclaratif de faillite, et qui détermine le jour où il faut faire remonter la cessation de paiements.

Par l'effet de ce jugement le débiteur est dessaisi de plein droit de l'administration de tous ses biens, même de ceux qui pourraient lui échoir postérieurement; il est remplacé par la masse de ses créanciers qui sont pour ainsi dire nantis; il ne peut plus augmenter son passif, ni diminuer son actif; il est frappé relativement à ses biens d'une incapacité complète; il ne peut plus toucher ses revenus, on peut seulement lui accorder un secours alimentaire. Aucune action mobilière ou immobilière ne peut plus être intentée par lui ni contre lui. Toutes poursuites contre ses biens ou contre sa personne doivent cesser. La contrainte par corps n'est plus possible puisqu'elle a pour but de l'amener à payer, ce qu'il n'est plus en son pouvoir de faire par suite de son dessaisissement. Les créanciers ne peuvent exercer individuellement aucune poursuite. Il n'y a plus alors des créanciers individuels, il y a une masse de créanciers dont les droits se trouvent confondus. Seuls les créanciers hypothécaires, privilégiés ou nantis d'un gage, conservent le droit d'exercer des poursuites individuelles sur les objets affectés à la sûreté de leurs créances. Enfin, toutes les dettes passives non échues deviennent exigibles et le cours des intérêts se trouve suspendu à l'égard de la masse.

La loi, craignant des fraudes préjudiciables aux créanciers, frappe, en outre, le débiteur d'une sorte d'incapacité rétroactive. Elle déclare nuls, relativement à la masse, lorsqu'ils n'ont eu lieu que depuis la cessation des paiements ou dans les dix jours qui ont précédé, tous les actes translatifs de propriétés mobilières ou immobilières à titre gratuit, tous les paiements de dettes non échues, tous les priviléges, hypothèques, antichrèses constitués après coup, c'est-à-dire pour garantie de dettes contractées antérieurement. En second lieu, elle permet de faire annuler tous paiements de dettes échues et tous actes à titre onéreux passés dans l'intervalle qui s'est écoulé du jour de la cessation des paiements au jour du jugement déclaratif, en prouvant la connivence de ceux qui ont traité avec le failli.

L'état de faillite constaté, le failli dessaisi de ses biens, il s'agit d'arriver à une liquidation. Pour cela, il y a lieu à des opérations nombreuses dont l'examen n'entre pas dans le cadre de ce travail, mais dont il n'est pas hors de propos de présenter ici un rapide résumé pour ne pas aborder trop brusquement notre matière.

Un juge commissaire est d'abord nommé dans le jugement déclaratif pour surveiller toutes les opérations de la faillite, les accélérer, et par sa présence continuelle garantir leur régularité. En même temps, il faut pourvoir à l'administration, et le même jugement charge de cette mission des syndics provisoires, salariés ou non, qui peuvent être au nombre de trois, qui représentent à la fois et le failli et la masse des créanciers et qui deviennent dépositaires de tous les objets de la faillite.

De plus, certaines mesures préliminaires sont à prendre pour assurer aux créanciers la conservation et la prompte réalisation de l'actif. Ces mesures sont le dépôt dans une maison d'arrêt pour dettes, à moins que le jugement déclaratif n'en ait autrement ordonné, de la personne du failli dont la présence sera souvent utile pour les renseignements qu'on pourra tirer de lui, et l'apposition des scellés sur les magasins, comptoirs, caisses, livres, papiers, meubles et autres effets, précaution très-importante, et que la loi permet aux créanciers de requérir, même avant le jugement.

Dans la quinzaine, le syndicat provisoire est remplacé par un syndicat définitif, sur l'avis des créanciers connus convoqués sous la présidence du juge commissaire. Un nouveau jugement intervient, qui nomme de nouveaux syndics ou maintient les premiers en fonction avec la qualité de syndics définitifs.

Leur premier devoir est de faire apposer les scellés lorsque l'apposition n'a pas eu lieu avant leur entrée en fonction; ensuite il est procédé à la levée des scellés et à la confection de l'inventaire dont un double original doit être déposé par eux au greffe dans un délai très-court de vingt-quatre heures. Cela fait, il faut songer à la vente des meubles, marchandises et autres objets sujets à dépréciation, et activer les recouvrements. Il faut aussi faire tous les actes conservatoires, tels que saisies-arrêts, interruptions de prescription, et la loi recommande spécialement aux syndics de requérir l'inscription des hypothèques que le débiteur aurait négligé de faire inscrire lui-même, et de prendre, au nom de la masse, inscription sur tous les immeubles du failli.

La plus importante des opérations de la faillite est la vérification des créances. Voulant prévenir des fraudes toujours à redouter de la part d'un individu dans la position du failli, la loi exige de toute personne qui se prétend créancière la preuve de la réalité de sa créance, et cette preuve doit, pour plus de garantie, être faite contradictoirement avec les autres créanciers. C'est ce qu'on appelle la vérification des créances. Ce sont les syndics définitifs qui sont chargés de faire cette vérification au jour fixé par le juge commissaire et porté à la connaissance des créanciers. S'il n'y a pas de contestation, la créance est admise, mais, pour plus de sûreté, le créancier doit dans la huitaine venir affirmer, c'est-à-dire déclarer sous serment qu'il est créancier sérieux et légitime, et c'est alors seulement qu'il est compris dans la masse.

Arrive ensuite le concordat. Le concordat est une transaction entre le failli et les créanciers qui consentent à perdre une partie de leurs créances dont ils font remise à leur débiteur. Les créanciers sont convoqués en assemblée générale, même les créanciers hypo-

thécaires pour les portions de leurs créances dont l'hypothèque in-
suffisante ne peut leur procurer le remboursement, sous la présidence
du juge commissaire. Ils entendent le rapport des syndics sur l'état
de la faillite; ils écoutent les propositions du failli que la loi prescrit d'appeler à cette séance : si ces propositions sont agréées par la
majorité en nombre, représentant les trois quarts en somme des
créances vérifiées, il y a un concordat, qui toutefois ne devient
obligatoire pour tous les créanciers qu'après que le tribunal a accordé
l'homologation.

L'effet du jugement d'homologation, passée en force de chose
jugée, est de mettre fin au dessaisissement, et de rendre au failli
l'administration de ses biens. Si, plus tard, il manque à quelques-
uns de ses engagements, ou, dans le cas de nouvelle faillite, la
résolution du concordat peut être demandée et alors on se trouve
en état d'union comme s'il n'y avait jamais eu d'arrangement.

L'état d'union est une sorte d'association pour arriver à une liquidation des créanciers qui n'ont pu transiger avec le failli. La gestion
des affaires de l'union appartient aux syndics qui ont conduit la
faillite jusque là, à moins qu'il n'en soit décidé autrement par les
créanciers qui en même temps sont appelés à décider à la simple
majorité en nombre, s'il y a lieu de continuer l'exploitation de
l'actif du failli.

Lorsque la liquidation de la faillite est terminée, les créanciers
sont convoqués pour entendre le compte définitif des syndics et
donner leur avis sur l'excusabilité ou l'inexcusabilité du failli. L'effet
du jugement qui lui accorde le bénéfice d'excusabilité, est de l'affranchir de la contrainte par corps à l'égard des créanciers de sa faillite.

Il peut arriver aussi que la faillite n'aboutisse ni à un concordat,
ni à l'union des créanciers; c'est lorsqu'il est prouvé que l'actif est
tout à fait insuffisant pour faire face aux frais et dépenses de l'administration et pour continuer le cours des opérations. Dans ce cas,

un jugement peut intervenir prononçant la clôture de la faillite, dont l'effet est de rendre à chaque créancier le droit d'exercer des poursuites individuelles tant à l'égard des biens que contre la personne du failli.

Telle est la marche de la faillite; mais nous n'avons à nous occuper spécialement que des dispositions relatives à la vente des marchandises et meubles du failli et des recouvrements. (Art. 484 à 489 du Code de commerce.)

Les syndics sont les administrateurs de la faillite. En vertu du jugement qui les a nommés, les pouvoirs de la masse et ceux du failli passent sur leur tête. Pour rendre cette administration possible, l'art. 484 du Code de commerce veut, qu'après l'inventaire terminé, les marchandises, l'argent, les titres actifs, les livres et papiers, meubles et effets du débiteur soient remis entre leurs mains. Mais par mesure de garantie aux termes du même article, ils doivent, par une déclaration au bas de la minute de l'inventaire, constater la réception de tous les objets qui y sont décrits.

Le premier acte de leur administration doit être le recouvrement des créances; c'est ce dont ils doivent s'occuper surtout dès le premier moment de leur entrée en fonctions. C'est pourquoi l'article 485 leur prescrit de *continuer* à y procéder sous la surveillance du juge commissaire.

Il arrive souvent que les recouvrements ne suffisent pas aux dépenses et aux frais qu'occasionne la faillite; aussi l'article 486 porte-t-il que le juge commissaire peut, le failli entendu, ou dûment appelé, autoriser les syndics à procéder à la vente des effets mobiliers ou marchandises.

Cependant il ne faudrait pas entendre cette disposition dans un sens trop absolu. En effet, il ne s'agit point encore de disposer de la totalité de l'actif pour en répartir le prix entre tous les créanciers. Ce n'est qu'après l'union qu'on peut songer à prendre une telle me-

8

sure. Au commencement de la faillite, ce serait mettre le failli hors
d'état de pouvoir songer à obtenir un concordat; car il ne pourrait certainement profiter de la bonne volonté de ses créanciers à
son égard, s'il lui fallait, pour continuer son industrie, son commerce, se procurer de nouvelles marchandises, renouveler tout le
matériel de son établissement. C'est pourquoi notre article exige,
qu'il soit appelé à présenter ses observations. C'est même une inno
vation de la loi de 1838 qui est venue refondre complètement le
titre du Code de commerce relatif à la faillite. Nous devons donc
restreindre la disposition de notre article aux marchandises et meubles
dont la vente est rendue nécessaire par le besoin urgent de se procurer des fonds ou déterminé par un avantage évident. C'est ainsi
que les objets, sujets à dépérissement ou dispendieux à conserver,
peuvent être inventoriés sans avoir été mis préalablement sous les
scellés et vendus immédiatement aux termes de l'article 470.

L'autorisation du juge commissaire est nécessaire pour procéder
à cette vente, et il ne doit l'accorder qu'après avoir examiné atten-
tivement si elle est réellement dans l'intérêt de la masse. Le juge
commissaire est encore seul compétent pour régler le mode de la
vente, c'est-à-dire, pour décider si elle aura lieu à l'amiable ou aux
enchères publiques, et, dans ce dernier cas, pour déterminer dans
quelle classe d'officiers publics, courtiers ou autres, les syndics devront choisir celui qui en sera chargé.

Les courtiers de commerce, d'après la loi du 25 juin 1841, n'ont
d'attributions que pour la vente des marchandises. Quant aux ventes
de mobilier, elles appartiennent aux commissaires-priseurs exclusive-
ment dans les lieux où il en existe, et ailleurs aux notaires, huis-
siers et greffiers de justice de paix concurremment.

D'après la lettre de l'article, un simple créancier ne pourrait être
autorisé à poursuivre la vente du mobilier, et comme dans une
vente de cette espèce il s'agit de faire rentrer des fonds pour pour-

voir immédiatement aux frais de l'administration, il serait convenable
que les ventes fussent faites au comptant, comme le dit M. Pardessus.
Les syndics ne devraient donc pas accorder d'autres délais que ceux
d'usage.

Dans le cas où le failli est un officier ministériel, comme un agent
de change, un courtier de commerce, le gouvernement admet les
créanciers à user de son droit; de présenter un successeur; mais
comme le titre et la clientèle ne sont pas des objets commerciaux,
il faudrait une autorisation de justice, et les syndics devraient s'a-
dresser au président du tribunal civil pour faire déterminer le prix
de la cession de la charge.

L'article 486 ne permet que la vente de l'actif mobilier; il en
résulte que les syndics ne pourraient demander l'autorisation de
vendre les immeubles. Ce n'est qu'après l'union, lorsqu'on s'occupe
de rassembler toutes les ressources du failli, que la vente des immeubles devient possible (art. 534). L'autorisation du failli lui-même
ne serait d'aucun effet, car ses biens sont devenus le gage de ses
créanciers et il a cessé d'en avoir la disposition.

Nous avons dit que les syndics doivent surtout et immédiatement
s'occuper des recouvrements des dettes actives. L'article 471 porte,
que les effets en portefeuille à courte échéance, susceptibles d'acceptation ou pour lesquels il faudra des actes conservatoires, seront ex-
traits des scellés pour qu'ils aient à en poursuivre le remboursement. D'après l'ancien texte de 1808 (art. 492), les recouvrements
ne pouvaient être effectués que sous l'autorisation du juge commissaire. Depuis la réforme de 1838, les syndics ont la plus grande
latitude en restant toutefois sous sa surveillance.

Les syndics ont qualité pour donner quittance; c'est ce que porte,
du reste, l'article 471, 3ᵉ alinéa. Les débiteurs du failli peuvent
leur faire des offres réelles comme ils en auraient pu faire au failli

lui-même, et ils peuvent poursuivre ces débiteurs ou leurs cautions aussi valablement qu'aurait pu le faire le failli.

En cas de faillite des débiteurs du failli, ils doivent se présenter aux réunions de créanciers, aux vérifications et affirmations de créances, en un mot, remplacer le failli dans toutes les opérations de ces faillites. Que si ce dernier avait quelques observations à faire, quelques réclamations à élever, il pourrait se faire autoriser à intervenir entre son débiteur et les syndics de ses créanciers en vertu de l'article 443, 4ᵉ alinéa, qui lui accorde cette faculté dans toutes les instances engagées par ou contre ses syndics.

Pour opérer les recouvrements avec moins de frais et plus de facilité, il est souvent utile et même nécessaire d'avoir recours à des transactions. L'ancien texte du Code de commerce gardait le silence sur le pouvoir de transiger, et il en résultait de grandes difficultés, car d'après l'article 2045 du Code Napoléon, celui-là seul peut transiger, qui a la faculté de disposer de l'objet faisant la matière de la transaction, et, d'un autre côté, les intérêts de la masse réclamaient constamment contre l'application rigoureuse de cette règle. Aussi la nouvelle rédaction dans l'article 487 a formellement autorisé les syndics à transiger sur toutes les contestations qui intéressent la masse, même sur celles qui sont relatives à des droits et actions immobilières, avec l'autorisation du juge commissaire et le failli dûment appelé. Cette autorisation, accordée avant qu'on soit arrivé à la délibération du concordat, disait le rapporteur de la loi de 1838, aura pour éclairer et faciliter cette délibération, une utilité toute spéciale, puisqu'elle pourra servir à constater les éléments incertains et litigieux de l'actif et du passif de la faillite.

Si l'objet de la transaction est d'une valeur indéterminée ou qui excède trois cents francs, la transaction n'est obligatoire qu'après avoir été homologuée par le tribunal de commerce, s'il s'agit d'un droit mobilier, par le tribunal civil s'il s'agit d'un droit immobilier.

Une fois homologuée, elle est obligatoire pour la masse des créanciers sans que les syndics aient à redouter aucune responsabilité personnelle, à moins qu'on ne puisse invoquer contre eux la fraude ou le dol.

Il faut remarquer l'expression dont se sert l'article 487, l'*objet* de la transaction. De là il faut conclure que pour savoir si la transaction doit être homologuée ou non, il ne faut pas considérer le résultat, l'effet de la transaction, mais l'importance intrinsèque de l'objet litigieux.

Le failli est appelé à l'homologation, et dans tous les cas il a la faculté de s'y opposer, seulement il faut distinguer, s'il s'agit d'un droit mobilier, le tribunal de commerce peut homologuer malgré l'opposition, sauf l'appel réservé au failli, car dans cette hypothèse il n'a pas le droit d'empêcher la transaction. Au contraire, s'il s'agit de biens immobiliers, comme le failli ne peut pas être dépouillé de la propriété de ses immeubles, lorsqu'il n'est pas certain qu'il n'interviendra pas un concordat qui le remette à la tête de ses affaires, son consentement est indispensable, son opposition doit empêcher le tribunal civil de prononcer l'homologation. Et comme conséquence du droit que la loi lui accorde, il faut dire que, dans ce cas, le jugement rejetant l'homologation ne peut être attaqué par la voie d'appel, puisque le tribunal supérieur ne pourrait statuer autrement que les premiers juges.

A la lecture de l'article 488 on ne voit pas trop pourquoi le législateur l'a intercalé dans la section qui nous occupe, car il se réfère plutôt aux principes généraux sur l'administration de la faillite. Quoi qu'il en soit, il porte, que si le failli a été affranchi du dépôt ou s'il a obtenu un sauf-conduit, c'est-à-dire sa mise en liberté, les syndics pourront l'employer pour faciliter et éclairer leur gestion, aux conditions que le juge commissaire jugera convenables pour rémunérer son travail.

Les deniers provenant des ventes et recouvrements ne peuvent rester sans inconvénient entre les mains des syndics. D'après l'ancien texte (art. 496), les deniers recouvrés devaient être déposés dans une caisse à double serrure dont une des clefs restait entre les mains du plus âgé des syndics et l'autre était remise à l'un des créanciers désigné par le juge commissaire. Mais comme en fait, cette caisse n'existait nulle part, il valait mieux exiger le versement à la caisse des dépôts et consignations. Aussi l'article 489 du nouveau texte ordonne-t-il de verser à la caisse des dépôts et consignations l'excédant de ce que les recouvrements fournissent après que le juge commissaire a arbitré les sommes nécessaires pour les dépenses et les frais que nécessite l'administration de la faillite. Cette nouvelle disposition a le double avantage de n'être pas une lettre morte et d'empêcher que des sommes quelquefois importantes ne restent improductives. Il doit être justifié de ce versement au juge commissaire dans les trois jours des recettes. En cas de retard, les syndics doivent les intérêts des sommes qu'ils n'ont pas versées, sans préjudice des peines qu'ils encourraient en cas de prévarication. Les sommes versées produisent intérêt au taux ordinaire à 3% après soixante jours de dépôt. Elles peuvent être retirées sans formalités et sans frais sur la simple ordonnance du juge-commissaire. S'il existe des oppositions notre article 489 veut que les syndics en obtiennent préalablement la main-levée. Il en serait de même de toutes les sommes qui auraient pu être consignées par des tiers pour le compte de la faillite.

Le juge commissaire peut ordonner que le remboursement soit fait directement entre les mains des créanciers sur un état de répartition dressé par les syndics et ordonnancé par lui. Cependant il ne faut pas se hâter de disposer ainsi de l'actif, car lors même que les créances seraient vérifiées et affirmées, on ne sait pas s'il interviendra un concordat et dans cette hypothèse, il est bon de réserver au failli les moyens de faire des propositions satisfaisantes qu'il lui

soit possible d'accomplir ensuite. Ce n'est donc que dans des circonstances tout exceptionnelles que l'on pourra faire ainsi emploi
des deniers de la faillite, par exemple, s'il s'agit de payer des loyers,
pour éviter l'exercice du privilége du bailleur sur les objets gar-
nissant la maison louée.

Vu par le soussigné doyen, président de l'acte public.

C. AUBRY.

Permis d'imprimer,
Strasbourg, le 6 janvier 1857.
Le Recteur, DELCASSO.

www.ingramcontent.com/pod-product-compliance
Lightning Source LLC
Chambersburg PA
CBHW070823210326
41520CB00011B/2081